Struktur Verlag

AF672844

Achim Balters erzählt von Menschen, die von ihren Grenzerfahrungen bestimmt werden. Dabei erleben sie die Höhen und Tiefen ihrer Existenz. Sie weichen nicht aus, sondern stellen sich ihrer ganz persönlichen Wahrheit.

Achim Balters, geboren 1949, schreibt Romane und Erzählungen. Er lebte lange in Köln und Berlin, zog 2011 mit seiner Frau, der Malerin Jana Balters, nach Worpswede.

Achim Balters

Das Auflösen

Erzählungen

Struktur Verlag

Bibliografische Information der Deutschen Nationalbibliothek:
Die Deutsche Nationalbibliothek verzeichnet diese Publikation in der Deutschen Nationalbiografie; detaillierte biografische Daten sind im Internet über http://dnb-nb.de abrufbar.

© 2017 Struktur Verlag
Achim Balters Worpswede
Neuausgabe der 2012 erschienenen Erzählungen
Alle Rechte vorbehalten
Umschlaggestaltung: Jana Balters
Herstellung: BoD – Books on Demand
Norderstedt
ISBN 978-3-9814185-3-8

Für Jana

Inhalt

Das Testament

Eine starke Partie von mir. Habe nicht verloren. Obwohl er noch meinen Springer einkassiert hat. Ein klares Remis. Immerhin, dachte er und nickte mehrmals mit gesenktem Kopf, während er weiter die Stellung der Figuren auf dem Schachbrett analysierte.

Weiß	Schwarz
König g2	König g7
Bauer f2	Bauer h4
Turm e3	Dame f4

Er lehnte sich im Sessel zurück und vergrub seine Hände in den Taschen seiner braunen Cordhose, deren Gürtelschnalle geöffnet war. Er löste seinen Blick vom Schachbrett, ließ ihn über den leeren Sessel ihm gegenüber gleiten, hin zu dem Fernsehapparat, in dem er sich einige Momente spiegelte, sah dann zu der Bodenvase mit den Trockenblumen und der sarkophagähnlichen Truhe links daneben, auf der ein vierarmiger Kerzenständer und eine halb volle Flasche Rotwein standen. Er schloss seinen Gürtel so, dass er seinen massigen Bauch nicht allzu sehr beengte, nahm das leere Glas vom Tisch, stützte sich mit der anderen Hand auf die Sessellehne, stand leise stöhnend auf und ging langsam zu der Weinflasche. Vielleicht hätte ich heute mit Weiß gewonnen. Ob ich noch eine Partie gegen ihn spielen soll? Nein, zu müde. Hätte keine

Chance gegen ihn. Lasse es besser. Aber morgen wieder, dachte er und trank einen Schluck.

Unschlüssig blieb er noch eine Zeit lang neben der Truhe stehen, dann ging er schlurfend, die Flasche in seiner Linken, das Glas in seiner Rechten, zum Sessel zurück. Ein bitteres Lächeln furchte sein faltiges Gesicht tiefer, während er sich vorsichtig hinsetzte. Er hob sein Glas.

«Auf dich, Viktor», sagte er mit der flachen und brüchigen Stimme eines Menschen, der wenig spricht. «Gut, dass ich dich habe. Verdanke dir eine ganze Menge. Ohne dich würde ich es wohl kaum aushalten. Prost.»

Er nahm einen großen Schluck, sah auf das Glas, ließ den Rotwein darin kontrolliert hin und her schwingen, zögerte, trank noch einmal. Dann stellte er das Glas auf den Holztisch neben den Schachcomputer, den er auf den Namen Viktor getauft hatte. Mit routiniert schnellen Handbewegungen ordnete er die weißen und schwarzen Figuren zu den beiden Doppelreihen der Grundstellung.

«Auf ein Neues, Viktor. Morgen früh. Dann schlage ich dich. Oder wieder nicht. Aber irgendwann», sagte er und schaltete ihn mit seinem rechten Zeigefinger aus.

Die Stellungsanzeige erlosch. Seine Miene verfinsterte sich. Er wusste nicht, wie er den Abend weiter verbringen sollte. Weder wollte er fernsehen noch die ungelesene Tageszeitung aufschlagen, und sich jetzt mit Musikbegleitung einfach zu betrinken, erschien ihm auch nicht besser. Er fühlte sich lustlos und leer, wie so oft, wenn er stundenlang Schach gespielt hatte. Er zog den schwarzen Lederhocker näher heran, legte seine Beine darauf, lehnte sich, dabei tiefer rutschend, im Sessel zurück und ließ seine Arme über die Lehnen hängen. Beinahe regungslos blieb er so sitzen. Erneut musste er sich eingestehen, dass ihm nur noch das Schachspielen das Leben erträglich machte, es sonst nichts mehr gab, was ihm gefiel. Nein, er hing nicht mehr am Leben. Das wäre närrisch. Vor dem Tod brauchte er keine Angst mehr zu haben. Er hatte doch schon längst verloren, in diesem Spiel, bei dem er seine Chancen nicht hatte nutzen können. Er hätte wohl eine andere Taktik wählen müssen. Aber welche wäre für ihn geeigneter gewesen? Eine Spezialmischung aus Mut und Zurückhaltung? Oder hätte er sich etwa nur geschickt belügen müssen, um dem Leben mehr abzugewinnen? Einsetzbar in allen Lebenslagen, vor allem in der Liebe. Lügen, die alles leichter machten. Aber welche hätte er gebraucht? Zu spät. Sein Leben stand fast schon im Matt. Es war eben vorbei. Er war ein Lebensversager und damit basta. Eine eher milde Bitterkeit breitete sich in ihm aus. Er kannte schlimmere Stunden. Ruckartig, wie jemand, der gerade etwas Besonderes bemerkte, hob er seinen Kopf. Er hörte auf das gedämpfte Rumoren eines Düsenflugzeugs, das, so schätzte er, in einer Höhe von ungefähr 500 Metern den Stuttgarter Flughafen anflog. Er verfolgte es so lange, bis er nichts mehr hörte. Das waren noch Zeiten. Alles vorbei, dachte er und verspürte sofort Lust, sich zu betrinken. In einem Zug leerte er sein Glas, schenkte sich dann ein neues ein, hob es erst, stellte es dann wieder hin. Er wusste nicht, ob er sich betrinken sollte oder nicht. Er ließ es noch offen. Sein Gesicht wurde nachdenklich. Altbekanntes kam ihm wieder in den Sinn, oft Bespiegeltes, woran er sich aber noch immer nicht gewöhnt hatte.

Sieben Jahre waren vergangen, seitdem er das letzte Mal einen Jet geflogen hatte und in diesen sieben Jahren war ihm sein Leben mehr und mehr entglitten, ihm, dem Ex-Flugkapitän, der wohl schon bald seinen eigenen Nullpunkt hier unten erreichen würde. Früher in der Pilotenkanzel, heute vor dem Schachcomputer. Er wusste auch von anderen Piloten, welch

große Mühe es ihnen nach ihrer Pensionierung bereitet hatte, zurechtzukommen, wie sehr ihnen das Fliegen und der damit verbundene Tagesablauf fehlten. Aber die meisten hatten noch genügend Lebenskraft, um das auszugleichen. Ihre Familie, Freunde, neue Selbstbestätigungen, eine Gelassenheit im Alter oder eine abgeklärte Zufriedenheit stützten sie. Da musste er passen. Denn er lebte fast nur noch im Nein, schleppte sich immer öfter trübsinnig durch den Tag, spürte dann ein müdes Abwinken dem Leben gegenüber. Und dann auch noch diese Leichenbittermiene, die sein Gesicht zusehends ramponierte. Wie konnte er nur so ein Gesicht bekommen? Er durfte nicht an sein früheres denken. Grässlich, fast unerträglich.
Was hatte er nur falsch gemacht? Das würde er sich wohl nie beantworten können. Vielleicht war er ja früher, ohne es zu merken, auch über sein Leben hinweggeflogen und nirgendwo bei sich selbst gelandet. Und heute? Im Alter gelandet. Ein Debakel. Da gab es für ihn nichts zu beschönigen. Eine Bruchlandung. Er würde sich weiter mit Ach und Krach durch den Tag schleppen, bevor er in der Nordsee entsorgt würde, dem Ort, den er für seine Seebestattung bereits ausgewählt hatte. Was war nur aus ihm geworden? Früher war er doch ziemlich leichtlebig gewesen. Nicht direkt ein Hallodri, dafür war er zu pragmatisch. Er war eher ein sachlicher Genussmensch. Er wiegte jetzt seinen Kopf mehrmals hin und her. Nein, einen passenderen Beruf als Pilot hätte er damals wirklich nicht wählen können. Der ideale Rahmen für ihn, um ein abwechslungsreiches Leben ohne feste Bindungen zu führen. Er wollte damals ja nichts anderes. Und er war stolz auf seinen Beruf. Für ihn wie ein Gütesiegel. Und er hatte sich einen Kindheitstraum erfüllt. Wer konnte das schon? Jahrelang, sogar jahrzehntelang stärkte ihn sein Gefühl, ein sehr moderner Mensch zu sein. Von der Technik fasziniert, darin zuhause, ohne

Scheuklappen lebend, neugierig, selbstbewusst, Menschen gegenüber aufgeschlossen und innerlich fest davon überzeugt, dass jeder ersetzbar war. Zwar immer mit festem Ziel, aber auch immer unterwegs. Er lebte gut mit seiner intensiven Oberflächlichkeit, wozu er sich gemacht fühlte. Er brauchte dieses Unterwegssein. Es langweilte ihn, längere Zeit an einem Ort, bei einer Frau zu bleiben. Wie anspruchsvoll er gewesen war! Kaum etwas war gut genug. Immer auf der Jagd nach dem Besonderen. Ein kurzes, grimmiges Lächeln verzog sein Gesicht. Wohl zu anspruchsvoll. Und zu eitel. Am liebsten hätte er die Concorde geflogen. Er hatte davon geträumt. Es wäre für ihn das Höchste gewesen, unübertrefflich. Als Pilot hatte er wohl nur zum guten Durchschnitt gehört, es sich damals aber nicht eingestehen können. Manchmal hatte er sich sogar als Fliegerstar gefühlt. Wie er es genossen hatte, durch Zeit- und Klimazonen zu fliegen, von Kontinent zu Kontinent, in einer Zeit, die andere für ihren Sonntagsausflug benötigten! Er hatte damals viele Bekannte, wenig Freunde, eine ansehnliche Reihe von Liebschaften, erlebte keine wahre Liebe und vermisste sie auch nicht. Frauen waren für ihn Stationen auf einem Lebensweg, auf dem ihm ein festes Ziel wenig bedeutete. Turbulenzen, beim Fliegen und auch privat, hatten ihm nie große Probleme bereitet. Er schaffte es immer wieder, gut dagegenzusteuern. Nur einmal, als beim Anflug auf Hongkong, um dort aufzutanken, das Bugrad klemmte, bekam er als Pilot, daran erinnerte er sich jetzt mit einem Unbehagen, für eine kurze Zeit Angst. Minutenlang mussten sie eine Warteschleife über den Wolkenkratzern der Stadt fliegen, dann funktionierte die Automatik wieder. Etwas Ähnliches war ihm auf seinen Flügen nie wieder passiert. Auf dem Boden fühlte er sich gefährdeter als in der Luft. Ja, er lebte wirklich gut in seiner damaligen Welt.

Und heute? 64 Jahre alt, Herzmuskelschwäche, allein und verbittert. Früher viel in der Luft, jetzt nur noch am Boden, hoffnungslos. Eine totale Bruchlandung. Vor sich nur noch seine letzte Katastrophe, den Tod. Gut möglich, dass man ihn ja erst einige Tage oder gar Wochen später finden würde. Im Sessel zusammengesunken, schon in stinkende Verwesung übergegangen, alle Kleidungsstücke dann um Nummern zu groß, wie bei einem Clown. Er presste erst seine Lippen zusammen, griff dann nach dem Glas und trank einen großen Schluck Rotwein. Er sollte keine Angst vor dem Tod haben. Soviel würde er ja nicht verlieren. Was gab es denn noch außer dem Schach? Nichts, was er aus all den Jahren ins Alter hätte hinüberretten können. Vorbei, dieses Lebensgefühl, das ihn so lange beflügelt hatte. Es gab keinen Ersatz dafür, nichts, was er hinzugewonnen hätte. Er reiste auch nicht mehr. Letztendlich hatte er von seinem vielen, manchmal schon exzessiven Reisen nach seiner Pensionierung nichts gehabt. Sie hatten ihn bloß eine Menge Geld gekostet. Ein Zeitvertreib, mehr nicht. Anfangs hatte er sich viel davon versprochen, frühere Reiseeindrücke zu vertiefen und das kennenzulernen, worüber er sonst nur geflogen war, hatte gehofft, dadurch eine neue Lebensqualität zu finden.
Aber Pustekuchen, dachte er, während er sich ein neues Glas einschenkte. Nichts gab ihm neue Lebensqualität. Nada. Alles Nada. Bloß Nada. Schon nach wenigen Monaten gründlich enttäuscht von diesem hektischen Hin- und Herreisen. Länder, Gegenden, Orte wurden für ihn bald zu wechselnden Kulissen, vor denen er seine Ratlosigkeit spazieren führte. Es passierte ihm, und es war stärker als er. Unterwegs fühlte er sich scheitern und zuhause auch. Er musste es sich eingestehen: Mit seinem freien Lebens als Pensionär kam er nicht zurecht. Deswegen kreiste er so im Sinnlosen. Als würde er eine

nicht enden wollende Warteschleife fliegen. Ihm fehlte sein Pilotendasein, das ihn ausgefüllt hatte, sein früherer Lebensstil. Er merkte, wie er sich im Formlosen verlor. Sein Trübsinn machte ihn ungesellig und man mied ihn. Er vereinsamte. Er litt darunter, langweilte sich aber auch, wenn er mit Menschen länger zusammen war. Seine innere Öde wuchs. Das Schachspielen blieb sein Rettungsanker. Wenn er auch daran sein Interesse verloren hätte, er hätte es wohl nicht überlebt. Oder doch? Hielt er nicht schon erstaunlich viel aus? Zwar mehr schlecht als recht, aber immerhin. Seit einigen Jahren schon. Und so schlimm war es nun auch wieder nicht um ihn bestellt. Er sollte sich davor hüten, zu übertreiben. Vielleicht war er ja noch immer zu sehr von seinem früheren Leben verwöhnt. Anderen seines Alters ging's dreckiger. Waren kränker als er, hatten weniger Geld für ihren Lebensabend. Eckhart zum Beispiel. Sogar ein halbes Jahr jünger als er. Kümmerliche Rente, schwere Durchblutungsstörungen, lief wie ein Tattergreis, war im Schach eine Flasche geworden. Sah aus, als würde für ihn bald der Schlussgong kommen.

Nein, er sollte sich nicht so hängen lassen, sollte nicht mehr so ein zerquälter Stubenhocker sein wie in den letzten Monaten. Er sollte wieder öfter in der Schwäbischen Alb wandern, sich wieder im Aero-Klub Stuttgart sehen lassen. Oder sich einer Seniorengruppe anschließen, die Städtereisen unternahm. Er sollte ganz einfach mehr versuchen, was ihn aus seinem unglückseligen Zustand befreite. Konnte er sich dazu denn noch aufraffen? Warum nicht. Vielleicht. Aber dann in Maßen. Auf keinen Fall würde er diesen hochtrainierten Alten nacheifern, die vor Rüstigkeit nur so zu strotzen schienen. Oder diesen Altersgenossen, die sich benahmen, als würden sie noch mitten im Leben stehen und von einem Termin zum nächsten hechelten. Politiker vor allem. Und wie viele Alte sich auf jung trimmten! Sie wirkten auf ihn wie gedopt. Dazu wollte er unter keinen Umständen gehören. Nervensägen, dusslige und klapprige Möchtegerne. Es gab anscheinend immer mehr davon. Wenn er diese albernen Mallorca-Alten im Fernsehen verfolgte, wie sie sich gegenseitig zu allen möglichen Lächerlichkeiten hochschaukelten, dann konnte er nur den Kopf schütteln. Trallala und hopsasa. Wie losgelassen. Wenn die sich dabei sehen könnten. Je oller, desto doller. Haut wie Schildkröten. Morsche Knochen, steife Gelenke. Aber Lust auf Remmidemmi. Bestimmt klapperte es bei ihnen, wenn sie tanzten. Ihre Gebisse und Knochen. Klack-Klack, Klack-Klack. Die brauchten keine Kastagnetten. Klapperten ja selbst. Lächerlich. Dann blies er doch lieber Trübsal. Das war wenigstens ehrlicher. Und wenn er diese Vorzeige-Alten in der Apothekenwerbung sah, spürte er beinahe Ekel. Wie knackig sie da zurechtgemacht waren. Wir sind ja so vital und aktiv. Als gäbe es für sie nichts Schöneres als ihr Alter. Lockten mit ihren auf gutmütig und lebenserfahren geschminkten Visagen. Grässlich, voller Lüge. Speiübel könnte ihm davon werden.

Nein, damit wollte er partout nichts zu tun haben. Am besten wäre es wohl für ihn, sich öfter beim Schachklub Turm Nürtingen sehen zu lassen und doch wieder in der Seniorenmannschaft zu spielen. Und er sollte noch intensiver die Schachzeitschriften studieren, die wichtigsten Partien nachspielen. Das würde seinen Tag besser ausfüllen. Und vor allem sollte er noch länger mit Viktor spielen. Solange er spielte, vergaß er ja. Spielen, spielen und nochmals spielen. So lange, bis er fürs Grübeln abends zu abgespannt wäre, vor Müdigkeit ins Bett sinken, ohne gedankliche Umwege bald einschlafen würde. Je öfter er spielte, desto größer würde auch seine Chance, Viktor endlich zu schlagen. Allein deswegen lohnte es sich für ihn doch weiterzuleben. Viktor wenigstens einmal schlagen. Es wurde Zeit. Seit drei Jahren versuchte er es vergeblich. Er würde nicht aufgeben. Solange er Schach spielen könnte. Bis zum Vertrotteln oder bis der Tod ihn schachmatt setzte. Sollte ihm tatsächlich ein Sieg über Viktor gelingen, es wäre ein Festtag für ihn, ein Triumph. Vielleicht würde er sich dann zufrieden wie ein Forscher fühlen, der nach jahrelangem geistigem Ringen endlich sein wissenschaftliches Ziel erreichte.

Er wandte seinen Kopf zu dem kleinen Regal aus massivem Nussbaum, seiner Schachbibliothek, die neben Büchern, Zeitschriften und Aktenordnern vier mit «Ich & Viktor» beschriftete braune Holzkästen enthielt. Starr, wie bei jemandem, der vor sich hinträumt, ruhte sein Blick eine Zeit lang auf den Holzkästen. Dann zog er seine Stirn hoch, schürzte seine Lippen und nickte mehrmals.

Ja, er hatte Viktors Spielweise bereits gründlich analysiert. Auf Hunderten von Karteikarten vermerkt. Er hatte ein aufschlussreiches Archiv angelegt. Niemand dürfte Viktor besser kennen als er. Nach jahrelangem Studium wusste er jetzt seine Stärken besser einzuschätzen. Und seine Schwächen im Mittelspiel wurden auch immer erkennbarer, Schwächen, die seine große, möglicherweise einzige Chance waren, ihn zu schlagen. Er müsste öfter versuchen, mit einem Figurenopfer Viktor in die Enge zu treiben. Diese Habgier von Viktor ausnutzen, der manchmal unbeherrscht schlug, anstatt abzuwarten. Bislang konnte er das immer mit seiner technischen Kaltblütigkeit ausgleichen. Ärgerlich, aber auch bewundernswert, wie Viktor Auswege fand, wenn es für ihn brenzlig wurde. Mit geradezu unwiderstehlicher Logik. Diese Auswege musste er noch genauer analysieren. Dann würde er ihm besser auf die Schliche kommen. Sollte er ihn schlagen, es wäre die größte Leistung, zu der er noch fähig wäre. Darauf könnte er stolz sein. Denn Viktor gehörte zu den spielstärksten Schachcomputern. Zwar ein wenig veraltet, es gab stärkere, auch schon vor drei Jahren, aber er konnte es noch heute mit den meisten Vereinsspielern aufnehmen. Von Turm Nürtingen, der in der Schachbundesliga spielte, hatten bislang nur die Nummer 1 und die Nummer 3 Viktor ein Mal schlagen können. Und so manch einer hatte sang- und klanglos gegen ihn verloren, sagte er sich jetzt schmunzelnd. Seine Augen glitten über den aus Edelholz gefertigten Korpus des Computers und die spielbereiten, in New York gekauften Figuren aus Elfenbein, die für ihn zu den schönsten Schachfiguren zählten, die er je gesehen hatte, und sie fühlten sich an, als hätten sie eine makellos glatte Haut. Ihm fiel jetzt erneut auf, wie gut Viktor noch aussah. Fast wie neu, trotz intensivster Nutzung. Aber er hatte ihn ja auch gut behandelt. Kleinere Gebrauchsspuren am Holz und an den Bedienungselementen gehörten für ihn dazu. Und eine Materialermüdung konnte er bei Viktor ganz und gar nicht feststellen.

Materialermüdung, wiederholte er in Gedanken und verzog geringschätzig den Mund. Ihm fielen die altersschwachen Jets gewisser südamerikanischer Fluggesellschaften ein, gefährliche Klapperkisten, deren Sicherheitsrisiko vertuscht wurde. Nirgendwo sonst hörte er so oft das Wort Materialermüdung wie in Verbindung mit diesen Fluglinien. Die Witze, die in Pilotenkreisen darüber gemacht wurden. Vor allem der mit den Astrologen, die von Mexiko-City nach Bogota flogen, war gut. Er versuchte, sich diesen Witz noch einmal zu erzählen, gab aber nach wenigen Augenblicken auf. Er jedenfalls hätte sich geweigert, solche Maschinen zu fliegen.

Und wenn er keine andere Wahl gehabt hätte?, fragte er sich, fand keine Antwort und wechselte mit seinen Gedanken wieder zu Viktor über. Der spielte heute noch genauso brillant

wie bei ihren ersten Partien. Möglicherweise besser. Seit drei Jahren kämpften sie ja schon gegeneinander. Wurde dadurch nicht Viktors technisches Potenzial erst richtig ausgereizt? Hatte er Viktor nicht hervorragend eingespielt? Hatte Viktor nicht auch dazugelernt? Warum eigentlich nicht? Vielleicht war er sogar schon seit seiner Herstellung ein ganz besonderes Modell, besser ausgerüstet als alle anderen Schach-Computer gleicher Bauart. Durch irgendeine unbemerkt gebliebene Abweichung bei der Programmierung, die seine Spielstärke erhöhte. Oder gar durch eine Art technische Mutation, die ihn kreativer, unberechenbarer machte. Wer weiß.
Auf jeden Fall war Viktor etwas Besonderes für ihn. Er fand es zwar selbst ein wenig komisch, aber es blieb dabei: Er hing an Viktor. Andere Schachcomputer interessierten ihn nicht mehr. Auch stärkere nicht. Jeder andere Schachcomputer wäre ihm im Vergleich zu Viktor zu fremd. Viktor gehörte bereits zu seinem Leben. Er hatte sich schon zu sehr an ihn gewöhnt. Wenn Viktor seinen Geist aufgeben würde, irreparabel wäre, es wäre wohl eine Art Schicksalsschlag für ihn. Er würde um ihn trauern. Aber Viktor war ja noch topfit. Ihr Duell konnte bestimmt noch jahrelang fortgesetzt werden. Viktor hatte eine robuste Technik. Noch immer ein unschlagbarer Gegner für ihn, mit seinen sensiblen Magnetsensoren unter seinem Edelholzgehäuse, mit seinem ausgefuchsten Hochgeschwindigkeitsprozessor, mit seiner riesigen, von Menschen nicht mehr zu überschauenden Eröffnungsbibliothek von mehr als zwei Millionen Stellungen. Höchstwahrscheinlich würde Viktor ihn überdauern. Ja, er rechnete sogar damit. Keine Materialermüdung bei Viktor, jedoch bei ihm. Das konnte er nicht verleugnen. Seine Herzmuskelschwäche war zwar nichts Ernsthaftes, aber sie machte ihm doch zu schaffen. Besonders beim Treppensteigen merkte er es. Und diese Müdigkeit, die ihn

manchmal überfiel. Nichts Besorgniserregendes, wie Dr. Ratzner meinte, aber man müsste das im Auge behalten. Er sollte mehr auf seine Gesundheit achten, abnehmen, weniger Fleisch essen, weniger trinken, seine Cholesterin- und Leberwerte hätten sich deutlich verschlechtert. Und wenn schon, dachte er. Seine Lebensgewohnheiten würde er nicht mehr ändern. Je alter, desto kränker. Fast ein Naturgesetz. Er würde keiner dieser Gesundheits-Sklaven sein, die sich aus Furcht vor Krankheiten kaum noch etwas gönnten. Er würde sich weiterhin gutbürgerlich satt essen und nach Lust und Laune trinken. Seine einzigen leiblichen Genüsse. Angst hatte er nur vor einem Wackelkontakt in seinem Kopf. Wenn sein Gehirn nicht mehr richtig funktionieren würde, und er dadurch ein lausiger Schachspieler würde. Wie der langsam vertrottelnde Eckhart. Oder, wenn er noch schlechter spielen würde. Das wäre sein Ende.

Aber seine Durchblutung war ja noch gut, und seine Cholesterinwerte lagen erstaunlicherweise seit Jahren im Normalbereich. Und was das Schachspielen anbelangte, so zählte er noch immer zu den stärksten Vereinsspielern. Zumindest in seiner Altersklasse. So gut wie früher spielte er natürlich nicht mehr. Bis Anfang zwanzig zählte er ja schließlich zu den besten deutschen Nachwuchsspielern. Damals spielte er mehr intuitiv als sachlich. Heute war es umgekehrt. Talentiert, aber zu lässig, dachte er. Zugegeben, er war ein faules Schachtalent gewesen. Hätte es, wie man ihm manchmal vorwarf, im Schach weit bringen können. Aber dafür fehlte ihm der Ehrgeiz, was er auch später nie bedauerte. Er brauchte damals einfach mehr Abwechslung. Er wehrte sich dagegen, dem Schach alles unterzuordnen.

Als er sich für den Pilotenberuf entschied, wurde Schach für ihn zu einem ernsthaft betriebenen Hobby. Das war seine beste Mischung. Pilot mit Schachleidenschaft. Damals. Es war gewiss die schönste Zeit seines Lebens. Traumhaft, dachte er und öffnete eine neue Rotweinflasche. Lebte er im Vergleich dazu nicht heute in einem Albtraum? Fast, so schien es ihm. Nach seiner Luft-Zeit folgte seine Boden-Zeit. Ein Wechsel, mit dem er nicht fertig wurde. Er begann, den Boden unter den Füßen zu verlieren. Vielleicht ging es ja Schiffskapitänen so ähnlich, wenn sie nicht mehr zur See fuhren. Er musste aufpassen. Er musste versuchen, seine Depressionen besser in Schach zu halten. Seine Augenbrauen zogen sich zusammen. Der Traum von voriger Woche, an den er in den letzten Tagen öfter denken musste, drängte sich erneut in sein Bewusstsein.

Er saß in dem gleißend hellen Cockpit eines Jets, den er im Steigflug riesigen Wolkenbergen entgegensteuerte. Plötzlich gab er dem Kopiloten Anweisungen in der Schachsprache, sagte erst Turm auf a7, dann Läufer auf g4. Er sah kein Armaturenbrett mehr vor sich, sondern nur noch ein großes, nach innen gewölbtes Schachbrett ohne Figuren. Er nannte immer mehr Züge, immer schneller, wie ein Auktionator, geriet in Angst, weil er keine Figuren auf dem Schachbrett sah, gab rasend schnell neue Schachzüge an, während der Jet weiterstieg, hörte den Kopiloten zu jedem seiner Züge Okay sagen, schrie dann Dame auf g5, hörte den Kopiloten lachend Schach antworten, schrie wieder Dame auf g5, hörte wieder den Kopiloten lachend Schach antworten, schrie und erwachte, nass geschwitzt. Er wusste nicht, was er von diesem Traum halten sollte, warum er sich auch heute Abend wieder an ihn erinnerte. Ein für ihn viel zu spannender Film, der in seinem nächtlichen Privatkino gelaufen war. Dann träumte er doch lieber andere Filme, wünschte sich schon eher einen dieser Erotikfilme, die leider viel zu selten in seinem Kopf abliefen. Die unterhielten ihn besser. Wenigstens im Schlaf wollte er seine

Ruhe haben, eine angenehme Zeit verbringen. Der Tag strapazierte ihn bereits genug.
«Prost, Viktor», sagte er jetzt, trank, stellte dann das Glas neben den Schachcomputer auf den Tisch. «Bin gern mit dir zusammen. Lieber als mit jedem anderen. Mein einziger Freund. Helfer in der Not. Bin wirklich heilfroh, dass ich dich habe, Viktor. Mein Ein und Alles. Werde dich noch heiraten. Und mache dich zu meinem Alleinerben», sagte er, stutzte und lachte laut auf.
Er schüttelte amüsiert den Kopf, kicherte in sich hinein. Viktor, mein Alleinerbe, das wär was, dachte er. Kurze Zeit später wurde sein Gesicht ernst. Er rutschte tiefer in den Sessel, so weit, bis er seinen Hinterkopf auf die Rückenlehne stützen konnte. Seine Hände vergrub er in den Hosentaschen. Das leichte Ziehen in seinem Rücken beachtete er kaum. Er fragte sich, wer es wirklich wert sei, ihn zu beerben. Niemand fiel ihm ein. Niemand, der noch zu seinem Leben gehörte, ihn durchs Alter begleitete, ihn menschliche Nähe spüren ließ, nein, tatsächlich niemand, mit dem er sich verbunden fühlen konnte. Um ihn herum gab es seit Jahren, das musste er sich erneut eingestehen, nur noch eine menschliche Wüste, woran sich wohl auch weiterhin nichts ändern würde. Von seiner Familie war nur noch ein kleiner Rest übriggeblieben. Alle tot, die ihm einst etwas bedeutet hatten. An sie wollte er sich jetzt nicht erinnern, das würde ihn zu sehr bedrücken. Onkel Ernst, der Bruder seiner Mutter, war bloß noch ein 85jähriges menschliches Wrack, das in einem Pflegeheim auf seinen Tod wartete. Sinnlos, ihm etwas zu vererben. Und seine beiden Cousinen? Zwei Nervensägen, genauso wie ihre Brut. Das letzte Mal hatte er sie vor zwei oder drei Jahren gesehen. Ein Nachmittag, geprägt von Blödsinn und Hektik, der erst dann erträglicher wurde, als sie sich verabschiedeten. Was für eine

Bagage! Er war froh, dass er keinen Kontakt mehr zu ihnen hatte. Warum sollte er denen etwas vererben? Die würden keine Träne vergießen, wenn sie von seinem Tod erfahren würden. Und auch andere nicht. Niemand würde um ihn trauern. Eigentlich könnte er sich das zugutehalten. Keiner, der wegen seines Todes leiden, davon eine Zeit lang in seinem Leben beeinträchtigt würde. Wer konnte das schon von sich behaupten? Aus und vorbei. In ein paar Jahren vom Erdboden verschwunden, als hätte er nie gelebt.
In vier Monaten hatte er Geburtstag, fiel ihm jetzt ein, 65 Jahre würde er dann alt. Konnte nicht jeder sein letzter sein? Ihm blieb nur noch relativ wenig Zeit. Er musste sich damit abfinden. Seinen letzten Geburtstag hatte er so gefeiert wie schon seinen vorletzten. Allein mit Viktor, Kaffee und Kuchen nachmittags, abends ein Rumpsteak mit Bohnen und Kartoffeln, danach guten Wein bis zum Rausch. Niemand hatte ihm gratuliert. Und sein nächster Geburtstag würde wohl genauso verlaufen. Am menschlichen Vakuum, das er sich selbst vorwerfen musste, würde sich bis dahin nichts geändert haben. Und dann wäre es noch immer niemand wert, ihn zu beerben. Er war kein reicher Mann, aber er war auch kein Habenichts. In den letzten Jahren hatte er bescheiden gelebt, ohne es zu wollen. Es war lediglich eine Folge seines wachsenden Desinteresses. Er gab nur wenig mehr aus, als er für seinen Lebensunterhalt benötigte. Je zurückhaltender er am Leben teilnahm, desto weniger Geld kostete es und desto mehr sparte sich auch an. Auf 35 bis 40 Tausend Euro müsste sich der Gesamtwert seiner Habe belaufen. Nein, mehr, denn sein Sparkassenbuch und seine Aktien allein ergaben fast schon soviel. Nicht schlecht, dachte er. Wer würde sich darüber nicht freuen? Die lachenden Erben. Aber die würde es ja nicht geben. Und dem Staat oder einem Tierheim würde er

erst recht nichts vermachen. So ein Trottel war er nun doch nicht. Beides erschien ihm gleich sinnlos. Dann würde er schon lieber einer humanen Einrichtung alles vermachen. Aber hatte ihm denn schon irgendeine sein Leben erleichtert? Irgendeine Seelen-Ambulanz? Ein Anti-Einsamkeits-Dienst? Keineswegs. Und nicht ein einziger Berufs-Humanist hatte sich bislang körperlich um ihn kümmern müssen. Zum Glück. Er benötigte noch keine fachmännische menschliche Hilfe, keine Altenpflege. Das drohte ihm sicherlich in nicht allzu ferner Zukunft. Noch war es ja nicht soweit. Hoffentlich erst in ein paar Jahren. Ein bisschen leben wollte er ja doch noch. Und wer ihm das verschönte, der sollte ihn auch beerben. Nur der, sonst niemand. Aber wen könnte er als Erben beglücken, wen damit überraschen? Es gab ja niemanden, der es erwarten könnte. Er dachte angestrengt nach. Eine Frau? Das wäre ihm am liebsten. Etwa die junge Arzthelferin, die bei seinem Hausarzt arbeitete, deren offenes Gesicht er so gern betrachtete und die zu ihm bisher immer freundlich gewesen war, ihn bei Untersuchungen sogar zum Lachen bringen konnte? Oder die unscheinbare, seine Rückenschmerzen lindernde Masseurin, die einzige Frau, die seinem Körper noch angenehme Empfindungen vermittelte? Oder die frisch geschiedene Inhaberin der Weinhandlung, mit der er immer besser ins Gespräch kam? Oder etwa irgendein süßes Flittchen, das er noch auswählen würde? Nein, Unfug, sagte er sich, so würde er seinen Besitz nicht vererben. Keine dieser Frauen gehörte zu seinem Leben. Sein Schachklub fiel ihm ein. Er zählte sich mehrere Mitglieder auf, überprüfte dabei kurz ihre Erbtauglichkeit, strich sie dann aus seinen Gedanken. Weder eine Frau noch ein Mann. Alle waren nur Randfiguren in seinem Leben, leicht austauschbar. Und Daniel, dieser hoch talentierte Nachwuchsspieler, von dem auch er begeistert war? Erst 11

Jahre alt, der nichts von einem Stubenhocker an sich hatte, sondern wie ein ganz normaler Junge seines Alters wirkte. So einen Sohn hätte er, nein, stoppte er sofort diesen Gedankengang. Auch der nicht. Was hatte er denn mit Daniel zu schaffen? Dieser Junge würde ihn genauso wenig beerben wie irgendein anderer. Niemand war es wert. Kein überraschendes Fazit für ihn. Das passte zu dem Leben, das er seit Jahren führte. Was war bloß aus ihm geworden? Eine Ruine. Ein alleinstehender alter Mann, dem Verfall ausgeliefert, gegen Einsamkeitsgefühle und Verzweiflungsschübe ankämpfend, alkoholgefährdet, noch immer ein leidenschaftlicher, ziemlich starker Schachspieler. Häufigster Spielpartner war ein sicherlich einzigartiger Schachcomputer.
Viktor, sagte er sich jetzt. Wenn ich den nicht hätte. Er griff zu der leeren Weinflasche, betrachtete mit Kennerblick das Etikett, drehte die Flasche unschlüssig in beiden Händen, stellte sie dann wieder auf den Tisch. Wenn er jetzt eine neue Flasche öffnen würde, dann würde er bestimmt so lange weitertrinken, bis auch sie leer wäre. Ihm war danach, aber er zögerte noch. Er sah zum Schachcomputer, zu seinem im Licht der Stehlampe matt glänzenden Edelholzgehäuse, seinen weißen und schwarzen Elfenbeinfiguren, die ihm erneut wie kunstvolle Kleinplastiken vorkamen.
Schön ist er, wirklich schön, dachte er. Seine Hand schwebte kurz über den Figuren vor ihm, dann nahm er die weiße Dame zwischen Daumen und Zeigefinger, hob sie in Augenhöhe. Lächelnd sah er sie an und stellte sie wieder zurück auf d1. Fast im selben Augenblick stand er in großer Erregung auf. Wieder war ihm der Gedanke gekommen, Viktor zu seinem Alleinerben zu machen. Dieses Mal amüsierte es ihn jedoch nicht, sondern er nahm es ernst. Aufgeregt ging er im Zimmer hin und her, merkte, wie er wacher wurde.

Ja, sein Entschluss stand fest, unwiderruflich. Viktor würde sein Alleinerbe werden. Das würde er heute Nacht noch testamentarisch festlegen. Er schaltete alle Lampen im Wohnzimmer an. Helligkeit brauchte er jetzt, nicht Gemütlichkeit. Er musste wach bleiben, so lange, bis er sein Testament abgefasst hätte.

Warum war er eigentlich nicht früher auf diese Idee gekommen? Es gab doch nichts Vernünftigeres, wenn er bedachte, wie wichtig Viktor für ihn schon seit drei Jahren war. Niemand hatte sein Erbe mehr verdient als Viktor. Wer weiß, was sonst mit ihm alles passieren würde. Ja, es sollte ihm weiterhin so gut gehen, wie es einem Schachcomputer gut gehen konnte. Der Gedanke, dass Viktor ihn nach seinem Tod wohlversorgt überdauern würde, hatte für ihn jetzt sogar etwas Tröstliches. Was in seinem Leben einen großen Stellenwert gehabt hatte, in den letzten Jahren besonders wichtig für ihn gewesen war, würde eine Zeit lang weiterexistieren. Viktor wäre gerettet, könnte weiterspielen. Posthum. Ein schöner Gedanke. Die Abfassung seines Testaments wollte er nicht auf den nächsten Tag verschieben. Morgen könnte es bereits zu spät sein. Der Tod wartet nicht, kommt, wann er will.

Mit kurzen, schnellen Schritten ging er in die Küche und machte sich drei Tassen extra starken Kaffee, um sich gegen die Müdigkeit zu wappnen. Wenig später legte er einen Schreibblock und einen Füllfederhalter auf den runden Esszimmertisch, setzte sich davor, seine Ellbogen auf die Tischplatte gestützt, seinen Kopf auf seine übereinandergelegten Hände. Sofort versank er in konzentriertes Nachdenken.

Gegen Morgen, hinter den Vorhängen wurde es schon hell, saß er müde vor der letzten Fassung seines Testaments, las es noch einmal mit schmerzenden Augen, nickte zustimmend, legte dann das Blatt wieder zurück auf den Tisch, der mit mehreren zerknüllten und zerrissenen Blättern bedeckt war. Ganz zufrieden war er nicht, aber es war die bis jetzt beste Fassung. Wenn er sich ausgeschlafen hätte, dann würde er sein Testament noch einmal überarbeiten. Und danach würde er damit sofort zu einem Notar gehen, dort alles endgültig besiegeln lassen. Einige Kleinigkeiten mussten noch verändert, andere hinzugefügt werden. Trotz der drei Tassen Kaffee, die er getrunken hatte, fühlte er sich dafür einfach zu müde. Er würde alles noch einmal neu schreiben. Gut möglich, dass ihm ja noch etwas Wichtiges einfiel, woran er bisher noch nicht gedacht hatte. Vielleicht bemerkte er sogar einen schweren Fehler, der das Testament ungültig machen würde. Beinahe reflexartig nahm er es wieder in die Hand und las es durch.

Testament

Nürtingen, den 9. Februar 2008

Ich, Stefan Kandel, geboren am 14. Juni 1943 in Stuttgart, bestimme hiermit, dass nach meinem Tode mein gesamter Besitz an meinen Schachcomputer Chessmaster, Viktor von mir genannt, übergeht. Weder eine Person noch eine Institution soll einen Anteil aus meiner Hinterlassenschaft erhalten. Viktor ist also mein Alleinerbe.

Ich bin mir bewusst, dass es nicht den Gepflogenheiten entspricht, einen Schachcomputer zum Alleinerben zu machen. Für mich ist es jedoch die einzig sinnvolle Weise, meine Habe zu vererben. Ich erfreue mich bester geistiger Gesundheit und habe mein Testament nach reiflichem Überlegen abgefasst. Denn Viktor hat mir in den letzten Jahren meines Lebens mehr geholfen und mehr Freude bereitet als irgendein Mensch oder irgendeine Institution.

Manch einer vererbt seinem Haustier sein gesamtes Vermögen, bekanntermaßen sogar Millionen. Und ich vermache

meinem Schachcomputer alles, was ich habe. Wen das verwundern sollte, der hat vom Leben nichts begriffen. Es kommt nämlich immer auf den Einzelfall an. Wie dem auch sei, mein Entschluss steht unwiderruflich fest.
Um kleinkrämerische juristische Bedenken zu zerstreuen, werde ich bei einem Notar Zeugnisse meiner noch immer intakten Intelligenz hinterlegen. Zum Verwalter von Viktors Erbe (auch ein erbendes Tier bekommt ja eine Art menschlichen Vormund, der dann das Erbe tiergemäß verwaltet) bestimme ich den Schachklub Turm Nürtingen, dessen Mitglied ich bin. Als Jahresmitgliedsbetrag erhält der Verein aus Viktors Erbe 3000 Euro. Damit ist Viktor das mit Abstand am meisten zahlende Vereinsmitglied. Viktor wird Eigentum des Vereins. Als Gegenleistung verpflichtet sich der Verein zu folgendem: Viktor wird beim Training der 1. Herrenmannschaft und der 1. Jugendmannschaft eingesetzt. Mindestens eine Partie soll er bei jedem Training spielen. Einmal pro Jahr veranstaltet der Verein ein Klubturnier, in dem Viktor mitspielt. Als Siegprämie werden 2500 Euro aus Viktors Erbe, beziehungsweise Mitgliedsbeitrag ausgezahlt. Sollte Viktor gewinnen, behält er diesen Betrag. Der Verein hat darauf zu achten, dass Viktor schonend behandelt wird. Etwaige Reparaturkosten werden aus seinem Vermögen bezahlt. Sollte Viktor irgendwann einmal trotz fachmännischer Bemühungen nicht mehr spielfähig, also irreparabel sein, wird er an den Hersteller zurückgegeben. Sein Resterbe erhält nicht der Schachklub Nürtingen, sondern fällt dann an den Aero-Club-Stuttgart.

Stefan Kandel

Aufseufzend lehnte er sich im Sessel zurück, legte die Hände gefaltet in den Schoß, senkte den Kopf und starrte vor sich hin. Seine Müdigkeit war größer geworden, aber er spürte auch eine Zufriedenheit wie seit Langem nicht mehr.
Ein doch noch außergewöhnlicher, ja einmaliger Tag für ihn, der nun zu Ende ging. Er wollte ihn noch ein wenig genießen, wollte einfach so sitzen bleiben und sich in dieser seltenen Gefühlslage treiben lassen. Er würde diesen Tag wohl nie vergessen. Was für eine schöne Überraschung! Ein Lächeln erschien in seinem Gesicht, wurde stärker. Er räusperte sich, richtete sich auf, schüttelte den Kopf mehrmals wie jemand, der nicht glauben mag, was er weiß.
Dann begann er zu lachen, erst verhalten, dann lauter, mit großer Lachkraft, musste weiterlachen, so lange, dass ihm die Tränen kamen, ein Lachen, das ihn atemlos machte, nicht aufhören wollte, ihn nach Luft ringen ließ, als würde es ihn würgen.

Achselhaare

Werden ohne Sein. Warten. Tage voller Leere. Entwertet. Schwund des Naiven.
War es so?
Eine Zeit, die er nicht in den Griff bekam. Er war jung und ihm fehlten die Achselhaare. Ein komischer Abschnitt auf der Strecke des Ungewissen.
Vielleicht.

An einem verregneten Sommermorgen vor 25 Jahren entdeckte er die behaarten Achselhöhlen eines Gleichaltrigen. Es war ein Wahrnehmungsschock. Ich habe noch keine Achselhaare, ich bin noch nicht so weit, hämmerte es in ihm. Die achselhaarlose Zeit brach an, in der alles schwerer lastete, er problemträchtig um sich kreiste, Ablenkungsversuche misslangen, er sich in seiner Jugend verirrte. Und wenn es an jenem Morgen nicht geregnet hätte? Wäre er dann von seinem haarigen Dilemma verschont geblieben? Sicherlich nicht. Es war unausweichlich. Früher oder später, je nach auslösendem Zufall, wären ihm behaarte Achselhöhlen seines Jahrgangs präsentiert worden, und alles hätte genauso seinen Lauf genommen, wie eben alles bei bestimmten Gegebenheiten seinen eigenen Lauf nimmt. Weil das Wetter so schlecht war, wurde die Leibesertüchtigung der Klasse in die Turnhalle verlegt, wo er beim Geräteturnen seine folgenreiche Entdeckung machte. Als dieser Gleichaltrige mehrmals vergeblich, mit einem Bein

Schwung pumpend, am Reck den Feldaufschwung versuchte, prallte sein Blick auf dessen dunklen Achselbewuchs.
Seine neue Lebensphase begann. Als wäre es eine sich schnell ausbreitende Infektion gewesen. Sein Achselhaarmanko hatte etwas in Gang gesetzt, wogegen ihm Abwehrkräfte fehlten. Je mehr davon befallen wurde, desto weiter entfernte er sich vom Vertrauten. Nirgends fand er einen Halt. Er geriet in die Schwebe.
Alles schien verändert, im Wertlosen unterzugehen. Es war schon ein eigenartiger Sommer. Da gab es vor allem diesen Körper, der sein eigener war und ihn, je länger er über ihn grübelte, derart befremdete, dass sich seine Gedanken entzündeten. Dieses Muss, nicht zu beeinflussen für ihn. Dagegen war er machtlos. Ihn verstörte, dass ihn Gene steuerten. Die Desoxiribonukleinsäure, widerlich. Ein Leibeigener rastloser Wirkstoffe, dessen Gegenwart vom Wachsen, Sichentwickeln verschlungen wurde, versklavt vom ständigen Zwang des Werdens. Wie sollte er sich damit abfinden? In dem Maß, wie er über seinen Körper nachdachte, vergrößerte sich auch sein Befremden. Er gehört mir nicht, ich aber gehöre ihm. Er fühlte sich entwertet, spürte, wie er verloren ging, weil es ihn ja noch gar nicht gab, er in der Entwicklung steckte, von starken Veränderungen noch gemodelt wurde, er doch nur im Übergang lebte, im Nochnicht, ohne zu wissen, welche Form er einmal annehmen würde.
Sein Leben lag noch vor ihm und daran litt er. Ein Bild von sich selbst, das ihn fixiert hätte, fand er nicht. Wenn er, die Arme über dem Kopf erhoben, vor dem Spiegel in seinen Achselgruben forschte, was täglich geschah, keine Spur einer sich ankündigenden Behaarung entdeckte, er wieder nur auf die nackte Tatsache des Nochimmernicht stieß, fühlte er sich vor seinen eigenen Augen entblößt und peinlich berührt kam er

sich mit fünfzehn Jahren noch kindlich vor. Solange ihn keine Achselhaare zierten, blieb diese Mangelerscheinung ein belastender Beweis für seine unentwickelte Männlichkeit. Versuche, sich einzureden, dass es doch nur Haare seien, zeigten keine Wirkung. Es war eine Blöße, daran war nicht zu rütteln, ein nicht zu verleugnender Hinweis darauf, dass er noch nicht so weit war.

Verschwunden die ihn bislang so stärkende, seine eigene Bedeutung absichernde Einbildung, für sein Alter schon sehr weit, den meisten anderen seines Jahrgangs voraus zu sein. Da er mithilfe gezielter Nachforschungen ein aufschlussreiches Bild von der Achselsituation seiner Altersstufe gewonnen hatte, musste er sich abwertend den unreifen Achselkahlen zuordnen, einer Gruppe, die weniger Mitglieder zählte als die der weiterentwickelten Achselhaarigen. Er übertrieb nicht, das wusste er genau. Er konnte seine kahlen Achseln nicht auf die leichte Schulter nehmen, sie einfach aus dem Kopf verscheuchen. Es war schon ein haariges Problem für ihn. Er wurde nachdenklicher. Er sah alles verändert, schärfer.

Was bot ihm diese Zeit? Nichts Besonderes, nichts lockte, nichts, was ihn wirklich hätte begeistern können. Heute gleich gestern und morgen wird es wieder wie heute sein. An seinem Alltag, der ihn abstieß, klebte er fest. Seine kahlen Achseln schienen ihm passend zu seiner Lebensöde. Mit dem Tag wurde er nicht mehr fertig. Oft lag er lange wach. Zu viel ging ihm noch durch den Kopf. Ernüchtert und enttäuscht. Worauf konnte er sich denn noch freuen? Warum stand er überhaupt noch auf, wäre es nicht sinnvoller, einfach liegen zu bleiben, alles sein zu lassen?

Dieses Leben gefiel ihm nicht mehr. Es gab ihm zu wenig. Soviel hatte er noch nie durchschaut. Wohin er auch sah, nichts als Schlamassel. Er würde sich nichts mehr vormachen

lassen, er war dahintergekommen. Härter werden, beschloss er und verordnete sich Kälte, ein Rezept, das ihm seinen Alltag leichter erträglich machen sollte.
Seine Gedankenkälte peinigte ihn, aber er fühlte sich von ihr auch geadelt. Leidend stolzierte er durch seine Jugend. Was er entschleierte, wandelte sich zur wertlosen Blöße, die ihm die Augen öffnete. Dieser Plunder überall, alles Müll. Im Massenhaften sah er sich untergehen. Wie alle anderen auch. Er war noch unreif, ein Lebensstümper, das empfand er jetzt schmerzlich, einer, der noch nicht fertig war, und wenn er fertig wäre, dann wäre er reif, und wenn er reif wäre, dann würde er zu Fallobst und dann wäre er wie alle endgültig fertig.
Jung und brüchig trieb er im Nichtigen. Niemand sollte wissen, wie es in ihm aussah. Er wollte sich keine Blöße geben. Was ihn bedrängte, konnte er niemandem anvertrauen. Einsamheroisch bekräftigte er sich, dass er keinen brauchte, er alleine über die Runden kommen würde. Schließlich ging ja alles einmal vorbei, auch diese Zeit.
Wie ernst und wichtig er sich nahm, damals, eine merkwürdige Lage, in die er verstrickt war, nicht zu fassen dieser Jüngling, der ich gewesen sein kann und dem ich heute in meinen Vorstellungen folge. Vielleicht handelt es sich um Schemen, denen ich willkürliche Konturen anpasse, vielleicht gaukeln mir Maskenbälle der Erinnerung nur jemanden vor, in dem ich mich wiederzuerkennen glaube. Es gibt ihn nicht mehr, und nach 25 Jahren mache ich ihn mir, das kann ich wohl nicht vermeiden, zurecht. Er wird zu meiner Behauptung. Trotzdem habe ich mich auf dieses eigenartige Verfahren eingelassen. Ich vermute nämlich, dass ich während meiner achselhaarlosen Vergangenheit meine Richtung änderte. Wahrscheinlich geriet ich in dieser Zeit auf diesen undefi-

nierbaren Weg, auf dem ich noch immer so gut wie möglich vorwärtszukommen versuche.
Die Mathematik diente ihm als Zuflucht. Er begann für sie zu schwärmen. Tage gab es, an denen er sich am liebsten ganz in sie zurückgezogen hätte, ein Reservat für ihn, wo es logisch rein zuging, Einfachheit und Klarheit so wohltuend herrschten. Von seiner Jünglingsschwere bedrückt, suchte und fand er dort Erleichterung und Ablenkung. Ganz bei der Sache, verlor er sich aus den Augen. Er übertrieb, merkte es, schwindelte sich aber weiter in sein schwärmerisches Verhältnis zu der Mathematik. Pädagogische Behauptungen verleiteten ihn zu dem Glauben, er sei mathematisch begabt. Er spielte mit dem Gedanken, sein Leben ganz der Mathematik zu widmen, Mathematiker zu werden. Nirgendwo fand er Vergleichbares:
Diese fundamentalen Lehrsätze, logischen Eindeutigkeiten, aufräumenden Ein- und Zuordnungen, einfach super, diese klärenden Definitionen, unumstößlichen Beweise, diese lösbaren Problemstellungen mithilfe brauchbarer Formeln, diese stolze Freude, wenn die Anwendung von Regeln gelingt, die Rechnung aufgeht, fabelhaft, dieses konsequente Wenn-dann, diese großartigen Verfahren von Induktion und Deduktion, diese leichten Bestimmungen von Extremwerten und Wendepunkten, was gibt es Besseres als diese schönen und genauen geometrischen Ansichten, dieses sichere Auffinden von Funktionswerten, diese bestimmbaren Verläufe, diese ganze unerschöpfliche und berechenbare Vielfalt.
Vergeblich waren seine Versuche, Mathematisches klärend auf sein Leben zu übertragen. Er erntete nur Fehlschläge. Die Mathematik und sein Leben waren zweierlei, miteinander unvereinbar, sich gegenseitig ausschließend. Ein Erklärungsmuster für sich konnte er bei ihr nicht finden. Weder gelangen ihm Definitionen von sich selbst, noch gab es ein Koordinaten-

system, in dem er für sich einen Verlauf gefunden hätte, keine Regeln, mit denen er berechenbar gewesen wäre, keine unumstößlichen Gewissheiten, weder fand er Gleichungen, die ihn bestimmten, noch feste Grundsätze. In ihm verhakte sich der Eindruck, dass er ein unmögliches Leben führte. Verklumpte es nicht fortlaufend zu einem undefinierbaren und wertlosen Gemenge?

Er war sowieso nur ein Zufallsprodukt. Nur blinde Fruchtbarkeit hatte ihn keimen lassen und diese Frau und diesen Mann dazu verurteilt, seine Eltern zu werden. Ungewollt und unaufhaltsam war er im mütterlichen Schoß herangereift. Und beinahe wäre er unterwegs auf der Strecke geblieben, weil seine Mutter ein zu schmales, zum Gebären höchst ungeeignetes Becken besaß. Ärzte hatten von weiteren Schwangerschaften abgeraten. Folglich war er als Einzelkind verwöhnt worden, was ihm ausgezeichnet bekommen war. Zu einem zufriedenen kleinen Egoisten herangewachsen, hatte er sich geborgen und wichtig gefühlt, überzeugt, dass es so etwas wie ihn kein zweites Mal mehr gab, und er ewig leben würde. Von Harmonien umarmt, hatte er eine glückliche Kindheit gehabt.

Bloß ein unwissendes, spielendes Kind. Diese Zeit voller Täuschungen war jetzt vorbei, endgültig. Nur durch ihn war die Familie zustande gekommen. Er war ehestiftend und eheerhaltend. Gründlich analysierte er seine Eltern. Sie verloren ihren Wert für ihn. Schließlich war er kein Kind mehr. Früher hatten sie vor ihm gethront, jetzt waren sie abgedankt, nicht mehr ernst zu nehmen, komische Menschen. Er durchschaute sie, er war dahintergekommen. Geradezu unmöglich, ihr knapp fünfzehnjähriges Zusammenleben wegen ihm, ihrem Missgeschick. Wie halten sie das nur aus? Wenn Streit aufflammte, spielte er nicht mehr die Familienfeuerwehr. Ich kann nichts dafür. Sie sind Wracks wie viele andere auch. Es

stieß ihn ab, wenn sie sich an ihn hefteten, um ihn warben, mit Großzügigkeiten zu bestechen versuchten, wenn sie sich gegenseitig vor ihm abkanzelten, ihr ganzes Gerede und alberne Gerangel um ihn. Es störte ihn, dass es sie gab. Am liebsten hätte er sie vergessen.
Aber seine Gedanken kehrten immer wieder zu ihnen zurück. Die Mama und Papa Zentrale. Zu lange kontrollierte sie ihn schon, zu viel wusste sie von ihm. Dagegen musste er vorgehen, das zu ändern fiel ihm leicht. Er grenzte sich von ihnen scharf ab, entzog sich ihnen. Hartnäckig jedoch schlichen sie sich immer von Neuem an, belauerten und belästigten ihn. Was hast du, warum benimmst du dich so in letzter Zeit, richtig abweisend bist du ja geworden. Er gab sich eisig und blockte sie weiter ab. Sein Leben machte ihm schon genug zu schaffen, da konnte er seine Zeit nicht mit solchen Nebensächlichkeiten und anödenden Wiederholungen vergeuden, wie sie ihm von seinen Eltern angeboten wurden. Sie schienen für ihn jede Bedeutung verloren zu haben.
Jener Akt, der ihn so zufällig ins Leben befördert hatte, nahm bei ihm jetzt einen besonderen Platz ein. Dabei deckten sich seine Gedanken nicht mit seinen Gefühlen. Der allgemeine Geschlechtsverkehr. Er war entzaubert, eine herbe Enttäuschung, wenn er ihn kühl und sachlich auf den für alle gemeinsamen Nenner brachte. Dann bedeutete er für ihn eine im Grunde ganz gewöhnliche Angelegenheit, die sich im Massenhaften verlor, doch bloß zum läppischen Vergnügen für alle einlud. Wie konnte er sich darauf noch freuen? Wenn er bedachte, wie unzählbar oft von unzählbar vielen schon praktiziert wurde, was er noch nicht erfahren hatte, begriff er nicht mehr, dass dieser Akt so lange so verheißungsvoll seine Sinne hatte umbuhlen können. Was maßlos alltäglich war, konnte für ihn nichts Außergewöhnliches sein, erst recht nicht, wenn

er sich mit der geschlechtlichen Mechanik, dem Machen als Mittel zum Genuss und der schnöden Naturnotwendigkeit dieses ganzen Aufwandes beschäftigte. Dann grübelte er so lange darüber nach, bis er nicht mehr weiter wusste, er nur noch Leere fühlte. Trotz aller Vorbehalte fieberte er insgeheim seiner männlichen Premiere entgegen. Er wollte es nicht wahrhaben. Was ist das schon? Aber er träumte sich oft dahin, malte sich unbekannte Genüsse aus, die er jetzt auskosten wollte. Er konnte nicht noch länger warten. Es wurde höchste Zeit für ihn. Er fühlte sich überfällig. Ich bin schon fünfzehn Jahre alt.

Iris hieß sie. Viel bedeutete sie ihm nicht, da machte er sich nichts vor, keine Sensation, eher gutes Mittelmaß. Er bemühte sich zwar, aber er fand nichts Besseres. Auf jeden Fall konnte er sich mit ihr sehen lassen, dafür gab es genügend Vergleichsmöglichkeiten. Mit ihren fünfzehn Jahren schien sie ihm relativ reif zu sein, aber manchmal benahm sie sich noch zu mädchenhaft, er küsste gerne ihren vollen Mund, aber beim Lachen zeigte sie ihm zu viel Zahnfleisch. Zwar gefiel ihm das Grün ihrer Augen, aber sie waren zu klein, ihre Brüste, wohlgeformt und handlich, zogen ihn an, aber insgesamt war sie ihm zu grob gebaut. Es schmeichelte ihn, dass sie sich dank seiner Hilfe in der Mathematik stark verbesserte, jedoch waren ihr weiterhin die Sprachen lieber, so sehr er auch bei ihr für die Mathematik warb. Weil sie offensichtlich mehr an ihm hing, als er an ihr, fühlte er sich überlegen. Trotz seiner Bedenken im Hinblick auf den allgemeinen Geschlechtsverkehr war er scharf auf sie. Mit ihr wollte er es zum ersten Mal machen. Die Zeit war reif dafür, und er wurde ungeduldig.

Es blieb ihm aber nichts anderes übrig, als zu warten, warten auf günstige Gelegenheiten, ohne die er seine männliche Verwirklichung bei ihr nicht erreichen würde. Ein Versuch, ihr nahezubringen, unter welchem Debützwang er sich befand, war gänzlich misslungen, ein Debakel, das in seinem Bewusstsein noch lange nachwirkte. Während eines Spaziergangs durch die niederrheinische Ernährungslandschaft, die sich hinter der Kleinstadt, in der beide wohnten, mit kilometerweiter Reizlosigkeit ausbreitete, sagte er ihr ohne Umschweife, so, wie er es sich vorgenommen hatte:

«Iris, ich kann nicht noch länger warten. Ich brauche unbedingt eine Gelegenheit, um mit dir zu bumsen.»

Er hatte den falschen Ton getroffen, was er sofort an ihrem Gesicht ablesen konnte. Abgeklärt und bestimmt hatte es klingen sollen, aber er merkte, dass er nur grob und ungeschickt gewesen war. Er kam sich sehr anfängerhaft vor. Rüde hatte er sie vor den Kopf gestoßen, das gab sie ihm deutlich zu verstehen. Ein starkes Stück, was er sich da geleistet habe, so etwas lasse sie sich nicht bieten, wie gefühllos, da sei er aber bei ihr an der falschen Adresse, nicht auf diese Art, schließlich sei es für sie auch das erste Mal, schön müsse es werden, ein besonderer Tag, in einem gemütlichen Zimmer, nicht einfach so mir nichts dir nichts, wenn, dann müsse alles stimmen, sie sei von ihm enttäuscht. Ihm fiel nichts anderes ein, als ihr kleinlaut recht zu geben. Sie zog sich geschickt schmollend zurück, sodass er seinen ganzen Jünglingscharme einsetzen musste, um seinen Fehltritt wieder einzurenken. Nicht nur fehlende Alternativen, sondern auch der geschlechtssportliche Ehrgeiz, bei ihr als Erster ans Ziel zu kommen, band ihn an sie. Seine Lust auf sie garnierte er mit einem neuen Wort. Menschen nannte er es jetzt. Ein kurzer Gedankenschlenker bei seiner Suche nach einem besseren Wort als bumsen, und schon war er über vögeln auf das naheliegende Synonym menschen gestoßen. Er schenkte es ihr stolz, und sie bedankte sich mit süßer Zärtlichkeit, die ihm vieles erlaubte. Zwar hatte er ein

Beispiel für die Macht des Wortes erfahren, aber mit ihr zu menschen blieb ihm weiterhin versagt. Die fehlenden Räumlichkeiten verhinderten seine männliche Entfaltung ebenso wie das nicht zu beseitigende Problem, auf welche Weise sie der Natur einen sicheren Riegel vorschieben sollten. Solange Fruchtbarkeit drohte, galt es, auf der Hut zu sein. Quälend wurde ihm bewusst, dass mit dem Genießen auch das Verhüten anfängt, beides zueinander in einer fatalen Beziehung stehen kann. Schließlich war er selbst dafür das beste Beispiel. Ein Frauenarzt sollte sie absichern, was sie immer wieder von Neuem verschob. Sie vertröstete ihn so gut es ging, aber es war ihm nicht genug.
Er merkte, dass er Worte für Bereiche gebrauchte, in denen er noch keine Erfahrungen gesammelt hatte, und dass er Gefühlslagen durchlebte, wofür er keine passenden Worte fand.
Unmöglich, einfach unmöglich dieser ganze Brei, dachte er oft. Immer dasselbe, tagaus, tagein, nichts ändert sich. Was er nicht bejahen konnte, lehnte er ab. Das war für ihn eine zwingend logische Folgerung. Er versuchte, sich von sich selbst zu distanzieren, einen Sicherheitsabstand zu seinem inneren Durcheinander zu gewinnen, jedoch ohne längeren Erfolg, er blieb in seiner Situation verstrickt.
Lebte er nicht monoton fallend?
Vergeblich, nicht ein einziges Haar spross, düngte er seine Achseln. Er behandelte sie mit einem Haarwuchsmittel. Ein Bauer bei der Feldarbeit hatte ihn auf die Idee gebracht, dass seine Achseln nur einen Haarwuchs fördernden Dünger brauchten. Was Kopfhaare wachsen lässt, könnte auch Achselhaare wachsen lassen, vermutete er. In einer Apotheke kaufte er ein Haarwuchsmittel, das beste, wie man ihm versicherte. Die Gebrauchsanweisung übertrug er auf seine Achseln, in die er die vielversprechende Tinktur einmassierte.

Noch immer nicht, dachte er, so oft er seine Achseln absuchte. Ich muss warten. Er verbarg seine kahlen Achseln, hielt sie bedeckt, entzog sie den Blicken. In diesem Sommer mied er das Schwimmbad, weil er sich den Blicken ausgeliefert gefühlt hätte. Er musste aufpassen, die Gefahr, man könnte sehen, wie unentwickelt er noch war, schien ihm zu groß. Es gelang ihm nicht, sich einzureden, dass Haare doch eigentlich überflüssig seien, es ein Zeichen von Rasse, von Weiterentwicklung sei, je weniger Haare man auf dem Körper habe. Seinen Reifemangel konnte er vor sich nicht verleugnen. Wenn Erwachsene ihm ins Gesicht sahen, wurde er unsicher. Er hatte erkannt, wie nackt das Gesicht ist, wie viel es von einem zeigt, eine Blöße, die nicht zu bedecken war. Seine Befürchtung, man könnte darin zu viel von ihm ablesen, verwirrte ihn. Hinter einem Vollbart wollte er später in Deckung gehen. Wahrscheinlich, nahm er an, tragen deswegen so viele einen Bart.
Er entdeckte die Oberfläche, lernte sie schätzen, polierte sie, entwickelte Geschmack. Das Äußere richtete für ihn, schien voller Aufschlüsse. Indem er verglich, bekam er oberflächliche Vorlieben für bestimmte Farben und Formen. Er wurde wählerischer. Kindlich und geschmacklos kam ihm jetzt sein Zimmer vor; am liebsten hätte er sich sofort neu eingerichtet. Seinen Kleidungsstil begann er zu verändern, ohne den zu finden, der ihm gefallen hätte.
Mit seinem Aussehen war er nicht mehr zufrieden, sah ihm doch aus dem Spiegel ein unfertiges Gesicht ohne besondere Merkmale an, eins, das nicht auffiel. Doch in wenigen Jahren würde es, so hoffte er, verschwunden sein wie seine früheren Gesichter, ersetzt von einem erwachseneren und interessanteren Gesicht, aus dem dann auch die heutigen, für ihn zu deutlichen Erscheinungsformen seiner Eltern endgültig weggewischt sein würden. Er sehnte sich nach Anonymität.

Sie ist eine seltsame Katholikin, er ist ein einfaches Rechteck. Mit diesen beiden Definitionen ordnete er seine Eltern auf eine ihn zufriedenstellende Weise ein. Das half ihm bei seinen Abgrenzungsbemühungen. Eigentlich konnte er nicht klagen, es gab andere, geradezu unausstehliche Figuren. Was er alles schon allein in seiner Klasse gehört hatte, eigentlich war er mit ihnen noch gut bedient. War er nicht undankbar? Doch er spürte immer wieder von Neuem, wie sie ihn befremdeten und reizten. Er sah in ihnen hervorragende Vorbilder dafür, wie er nicht werden wollte.
Grau wirkte auf ihn sein Vater. Er strahlte Langeweile aus. Ein einfacher Mensch, der nicht viel redete und auch nicht viel zu sagen hatte, jemand ohne besondere Kennzeichen. Wenn es um Steuern ging, konnte er beobachten, wie sein Vater in seinem Element war, dann blähte er sich auf, wetterte gegen die Steuergesetze, redete von Steuertricks, als wären sie lebenserhaltend. Dann wurde er beinahe zum Staatsfeind. Der Staat nimmt sich, was er kriegen kann, wenn man dagegen nichts macht, zieht er einen aus bis aufs Hemd. Danach sackte er wieder in sich zusammen. Nach seiner Überzeugung ging es den Menschen noch nie so gut wie heute. Man sollte zufrieden sein. Wenn Klassiker auf dem Programm standen, ging er ins Theater. Zu besonderen Anlässen trug er immer eine Fliege. Er bekam einen Bauch, und die Haare gingen ihm aus. Er setzte ihn steuermindernd beim Finanzamt ab. Wie kann man nur Steuerberater sein?
Gute Manieren stets gefragt. Wie du kommst gegangen, so du wirst empfangen. Seine Mutter schätzte die Etikette. Sie spiegelte sich in ihren Vermutungen über sie betreffende Meinungen der Leute. Sie war mehr auf den Schein bedacht als auf die Tatsachen. Verglichen mit seinem Vater kam sie ihm bunt vor, irgendwie unberechenbar. Sie lernte in der Volkshochschule

Französisch. Sie las häufig in Reisebüchern; sie verreisten wenig. Manchmal sah er ihr an, dass sie tagträumend entrückt war. Er hätte dann gerne gewusst, was sich alles in ihrem Kopf abspielte. Es verwunderte ihn, dass sie noch so gut aussah. In letzter Zeit duellierte sie sich öfter mit seinem Vater. Er beobachtete sie befremdet, wenn sie die Beherrschung verlor und ausfallend wurde. Eine Affäre mit einem Studienrat hatte sie gerade erst hinter sich. Dass sie es mit der Wahrheit nicht genau nahm, merkte er wiederholt; sie neigte zum Lügen. Zwar gab sie sich als Katholikin, aber in Glaubensangelegenheiten war sie den größten Teil des Jahres eher lasch. Nur an den wichtigsten katholischen Feiertagen besuchte sie nach vorheriger Beichte den Gottesdienst und aß den lieben Gott, den sie noch immer fürchtete. Nach seiner Einschätzung beachtete sie von den 10 Geboten mindestens zwei nicht. Trotz seiner Proteste belästigte sie ihn weiter mit religiösem Krampf. Er musste sich mit ihr häufiger auseinandersetzen als mit seinem Vater. Ihre grundlosen Behauptungen reizten ihn, erst recht, wenn es um ihn selbst ging. Bei ihr übte er Schlagfertigkeit. Einmal sagte sie wütend: «So was von Sturheit, du bist ja genauso stur wie dein Alter.» Das konnte er nicht auf sich sitzen lassen, und er konterte kühl: «Da irrst du dich aber gewaltig. Weder bin ich wie mein Alter, noch werde ich wie er. Und wie du bin, und werde ich ganz bestimmt nicht.»

Wie sie noch immer ihre Netze nach ihm auswarfen und ihn einzufangen versuchten, diese anödenden Verwandten und Bekannten, wie sie, ohne dass er es vermeiden konnte, weiter ihren Vertrautheitsbrei auftischten. Wie sie ihn nach Ähnlichkeiten absuchten, welche Urteile sie dabei fällten, wie sie ihm mit seiner Kindheit zusetzten, sie Revue passieren ließen, Szenen zur allgemeinen Belustigung beitrugen, ihn fürs Familienkabarett missbrauchten. Wie anmaßend sie Fotos von ihm

herumreichten, ihn als nackten Säugling mit beflaumtem Kahlkopf zeigten, ihre albernen Bemerkungen, wie sie von früher gar nicht genug bekommen konnten, mit ihren Erinnerungen so umgingen als würde er ihnen gehören.
Könnte er doch ihre sämtlichen Erinnerungen an ihn einfach ausradieren! Wie sie sich an ihn heranmachten, einzuschmeicheln versuchten, mit ihrer eigenen Jugend bei ihm hausierten, sie vor ihm auskramten, von sich auf ihn schlossen. Diese schleimigen Fragen, mit denen sie ihn überzogen. Was sie alles von ihm wissen wollten, wie neugierig sie ihn ausfragten. Für ihn jedes Mal eine peinigende Unverschämtheit. Warum lebte er nicht an einem Ort, wo ihn niemand mit dreisten Annäherungen belästigte, wo ihn niemand kannte?
Jung und brüchig trieb er zwar im Nichtigen, aber er behielt weiterhin eine unstillbare Sehnsucht nach dem unbekannten Glück.
Marburg blieb für ihn vorerst unerreichbar. Er träumte sich dorthin. In Marburg könnte für ihn alles anders werden, vielleicht würde er dort sofort aufleben. Ein paar Tage, die ihn begeisterten, voller Schwung, und, so vermutete er, sein Leben würde schnell ganz anders aussehen.
«Marburg ist wirklich extrem, sage ich dir. Dagegen ist hier alles nur Friedhof. Du musst in den großen Ferien mit mir unbedingt nach Marburg fahren. Mein Bruder hat Platz genug für uns beide», lockte ihn Bruno.
Wenn er Bruno, sein bester und genaugenommen auch einziger Freund, von Marburg schwärmen hörte, wäre er am liebsten sofort dorthin aufgebrochen. Ein unbekannter Ort, der eine immer größere Anziehungskraft auf ihn ausübte.
«Das kommt überhaupt nicht infrage, du bist erst fünfzehn Jahre alt. Und dann auch noch zusammen mit Bruno. Der ist sowieso kein guter Umgang für dich.»

Seine Eltern verbündeten sich gegen ihn, verboten ihm Marburg. Darin waren sie sich ausnahmsweise einig.
«Wart's nur ab», riet ihm Bruno, «bald kannst du mitkommen, du musst sie nur richtig weiterbearbeiten. Sie befürchten bloß, dass du in Marburg über die Stränge haust. Sind eben Spießer wie meine Alten. Die haben es wohl noch immer nicht verkraftet, dass du ihr Verkehrsunfall bist.»
Bruno war schon 16, ein knappes Jahr älter als er, und er merkte, dass Bruno weiter war, erwachsener, vor ihm einen Vorsprung hatte, den er so schnell nicht aufholen würde. Er besaß auch schon zwei deutlich sichtbare Büschel Achselhaare. Er hoffte, dass sein haariges Defizit Bruno nicht auffallen würde. Von ihm übernahm er vieles, was dieser von seinem 21 Jahre alten Bruder, der in Marburg studierte, übernommen hatte. Wenn er mit Bruno zusammen war, lastete auf ihm das Leben weniger schwer, dann ging es ihm eindeutig besser. Er sah gern in sein eigensinniges Gesicht mit den wachen, oft durchdringend blickenden Augen. An seinem linken kleinen Finger trug er einen in sich verdrehten silbernen Ring, Geschenk einer Marburger Freundin.
«Ich habe in Marburg ficken gelernt», hatte Bruno einmal beiläufig gesagt.
An diesen Satz musste er immer wieder denken, manchmal sofort, wenn sein Blick auf den Ring fiel. Hätte er doch nur in Marburg in die Lehre gehen können! Aber er musste warten, hier, in der tiefsten Provinz, für die Bruno nur Verachtung übrig hatte.
«Das bürgerliche Blech scheppert hier überall. Grässlich», hatte Bruno festgestellt. Er war ein glühender Marxist, voller Elan und Hoffnungen. Übergroß hing in seinem Zimmer sein vollbärtiges Idol. Weil für ihn Marxisten immer auch gute Logiker waren, fühlte sich Bruno verpflichtet, in Mathematik

zu den Klassenbesten zu gehören, was ihm nicht leicht fiel. Er wiederum begann, sich für den Marxismus zu interessieren, allein schon wegen der Logik.

Bruno versorgte ihn mit Büchern, die er zu begreifen versuchte und in denen er zu viel über die Gesellschaft erfuhr und zu wenig Mathematisches fand. Bruno verfügte über einen großen Katalog an Vorwürfen gegenüber Familie, Gesellschaft und Kirche. Seiner Verehrung von Marx entsprach seine Verachtung des Religiösen. Einmal musste er wegen einer Klassenarbeit zum Direktor kommen; man warf ihm Religionsverunglimpfung vor und benachrichtigte seine Eltern. Er bekam einen strengen Verweis, was für ihn ein großer Erfolg war. Sie waren sich darin einig, dass das Christentum erwiesenermaßen eine einzige Seuche ist. Gemeinsam traten sie aus der Kirche aus und bezahlten die amtliche Gebühr von ihrem Taschengeld.

Bruno gehörte zu den Klassenbesten, aus taktischen Gründen, um sich dadurch mehr erlauben zu können, sonst wird's mir hier zu langweilig. Er inszenierte unterhaltsame Zusammenstöße mit Lehrern.

Sie planten beide, den Sportunterricht zu boykottieren, weil sie ihre Körper nicht mehr länger vergewaltigen lassen wollten. Wenigstens dagegen konnten sie sich wehren. Ihre Gehirne wurden ja schon genug vergewaltigt von diesen nervösen Anfängern, alten Halbtoten, energischen Trotteln, jungen Frühgreisen, armseligen Witzfiguren, aufgeblasenen Flachköpfen und all diesen elenden Wiederkäuern.

Aber es blieb ihnen nichts anderes übrig, als alles beim Alten zu lassen, Gehirn und Körper weiterhin dem System auszuliefern.

Dagegen können wir überhaupt nichts machen, wir müssen diesen widerlichen Tinnef aushalten. Man müsste schon das

ganze System sprengen, ja einfach sprengen, das wäre was. Nicht auszuhalten, diese hirnrissigen, lächerlichen Bürger.
Neben Bruno verblassten alle anderen. Von ihm konnte er noch etwas lernen, der wusste, wo's lang ging. Mit ihm würde er nach Marburg fahren, schon dieses Jahr, in den großen Ferien. Von seinen Eltern würde er sich nicht länger aufhalten lassen. Er musste sich von ihren Fesseln befreien, schnellstmöglich. So unterdrückt hatte er sich noch nie gefühlt.
Zollstock und Waage gebrauchte er einmal pro Woche, jeden Sonntag, um seine Größe und sein Gewicht zu bestimmen und auf Veränderungen hin zu überprüfen. Er las sich ab.
Das bin ich, dachte er, so viel gibt es von mir, ganz genau. Auf diese Weise gewann er die einzig sicheren Aufschlüsse über sich selbst. Er wollte nur noch an das glauben, was konkret erfahrbar war und sich beweisen ließ. Alles andere waren sowieso nur kindische Hirngespinste. Doch streng materialistische, mit stolzer Kälte begonnene Anläufe, sich als eine messbare Masse zu verstehen, die von Naturgesetzen gesteuert wurde, endeten oft in dumpfer Traurigkeit, in der sich seine Selbsterklärungsversuche dann ganz auflösten. Sein eigenes Material, ablesbar in Zentimetern und Kilogramm, war von ihm nicht in den Griff zu bekommen. Für seine Lage fand er einfach kein ordnendes Maß.
Und immer wieder schien es ihm in diesem achselhaarlosen Sommer, als sei sein Leben nur ein großes, mit jedem Tag weiterwachsendes Durcheinander.

Werden ohne Sein. Warten.
Tage voller Leere. Entwertet. Schwund des Naiven.
Wahrscheinlich.

Am Krematorium

Glücklicherweise ist das Gegenteil der Fall. Ich kann beruhigt sein, alles beginnt sich wieder zu normalisieren. Wann verdreht ein Gerücht auch nicht die Tatsachen? Hätte es gestimmt, ich hätte meine Wohnung aufgegeben, zweifellos, sie vermietet oder verkauft und mir etwas Ähnliches gesucht, ein Zuhause, das mir wieder meinen gewohnten, mich seit einigen Jahren ausfüllenden Wohn- und damit verbundenen Lebensstil garantiert hätte. Auf ihn kann ich nicht mehr verzichten. Ich glaube, er ist für mich bereits unentbehrlich geworden, eine Art seelischer Sauerstoff. Eine Stilllegung brauche ich nicht mehr zu befürchten. Ich fühle mich erleichtert.

Anstatt Stilllegung Modernisierung! Wunderbar! Alles kann sich hier weiter so abspielen wie bisher. Zwei Tage bin ich aus der Balance gewesen, in die ich mich dank meiner krematoriumsnahen Wohnung eingependelt habe. Eine ärgerliche Verstimmung. Völlig unnötig habe ich mir den Kopf darüber zerbrochen, wie ich mich hier weiter verhalten sollte. Nur wegen dieses plumpvertraulichen Hausmeisters, der vom Zwang befallen zu sein scheint, immer mit mir reden zu müssen, wenn er mir begegnet.

«Was?», rief ich entgeistert aus.

«Mich wundert, dass sie davon noch nichts gehört haben. Sie waren doch gar nicht verreist. Nun ja, wie man hört, soll das Krematorium hier noch in diesem Jahr stillgelegt werden. Aus

Kostengründen. Unsere Stadtväter wollen nur noch das Krematorium am Westpark betreiben.»
«Meinen Sie wirklich?», fragte ich wie betäubt.
Er nickte erst einige Male affig mit dem Kopf, bevor er antwortete.
«Aber seien Sie ganz unbesorgt, Lärmbeeinträchtigungen brauchen Sie nicht zu befürchten. Ein Abriss ist nicht geplant, und ein neues Krematorium wird hier ganz bestimmt nicht gebaut werden, wie auch schon gemunkelt wurde. Man wird bloß den Betrieb der Anlage einstellen. Mit dem rauchenden Schornstein ist es dann vorbei. Beileibe kein schöner Anblick. Meine Frau hat sich noch immer nicht daran gewöhnt.»
Natürlich beeinträchtigte sein Gerede meinen Tagesablauf empfindlich. Eine bevorstehende Stilllegung des Krematoriums musste ich als etwas Bedrohliches, nämlich als das Ende meines hier so ausgewogenen Existierens verstehen.
Ein völlig unhaltbares Gerücht jedoch, wie mir die Krematoriumsverwaltung vor zwei Tagen versicherte. Dass ich nicht eher darauf gekommen bin, mich direkt an sie zu wenden! Mein Hirn wäre nicht von überflüssigen Grübeleien belagert worden. Eine frische Stimme am Telefon, die mich an eine landgesunde, mollige Frau denken ließ, brachte mich wieder ins Gleichgewicht. Das reinste Evangelium für mich, was ich hörte. Danach ist es gänzlich abwegig, von einer geplanten Stilllegung des Krematoriums zu sprechen. Man beabsichtigt vielmehr eine zeitgemäße Modernisierung samt Kapazitätserweiterung. Die Umrüstung wird als notwendig angesehen, weil die Öfen veraltet sind und die Qualität der Filter zu wünschen übrig lässt. Das Niveau der Rauchgasemissionen soll weit unter die offiziellen Grenzwerte gesenkt werden. Der Einbau von vier neuen, leistungsfähigeren Öfen mit Nachverbrennung sowie modernste Filter werden dem-

nächst hier ein technisch wirklich überzeugendes, jeglichen Anforderungen genügendes Großstadtkrematorium arbeiten lassen.
Anstatt Stilllegung Modernisierung! Alles war für mich wieder im Lot. Glücklicherweise. Ich konnte aufatmen. Was für ein herrlicher Tag. Wäre ich musikalisch, vielleicht hätte ich vorgestern damit begonnen, eine Hymne auf das heimatliche Krematorium zu komponieren.
Nach dem zwar störenden, aber auch zukunftsweisenden Zwischenspiel dieser beiden Tage bin ich wieder zu meinen alten, mich stets aus Neue ausfüllenden Gewohnheiten zurückgekehrt, denen ich schon so lange treu geblieben bin und weiterhin treu bleiben werde, so gut es geht. Die Krematoriumsmaschinerie wird gegen Ende des Jahres erneuert werden, während des Umbaus werde ich wohl auf Reisen sein, und unverändert werde ich mich auf eine möglichst angenehme und gesunde Weise zu Tode leben.
Statistisch gesehen, lebe ich als Zahnarzt bereits länger als normal; denn eine für mich gültige durchschnittliche Lebenserwartung von 61 Jahren überdauere ich seit nunmehr 417 Tagen. Danach habe ich die meisten meiner Kollegen überlebt. Das kann mir nur recht sein.
Heute hängt diese für mich so bedeutungsvolle Berufsanalyse recht aufwendig gerahmt an einer Wand meines Wohnzimmers. An ihr konnte ich mich damals nicht vorbeimogeln. Was ich las, kam mir wie mein eigenes Todesurteil vor. Nach dem ersten Entsetzen, diesem fassungslosen Das-darf-nicht-wahr-sein, erkannte ich schnell den für mich richtungsweisenden, alles beschleunigenden Wert des vierseitigen Artikels, der in einer Fachzeitschrift für Zahnärzte erschienen war. Ich kann mich noch gut daran erinnern, was Pascheck, Zahnarzt wie ich, damals meinte, als ich mit ihm über den Artikel rede-

te. Er wollte es nicht wahrhaben, wirkte wie jemand, der unerfreuliche Tatsachen sofort abblockt.

«Ich habe mir den Artikel mehrmals durchgelesen. Ich kann Ihnen dazu nur sagen: Humbug, glatter Humbug! Und was beweist denn schon eine läppische Statistik? Soll ich mich etwa damit auseinandersetzen, was sich ein paar Psychologen zurechtgelegt haben? Mir jetzt etwa Sorgen machen? Mich lässt die ganze Sache kalt. Eher glaube ich meinem Horoskop», sagte er und lachte kurz.

«Ich nicht. Eine Statistik fußt auf Daten, die den Tatsachen entsprechen», erwiderte ich.

«Ein Horoskop eigentlich auch. Davon einmal abgesehen, während unseres Studiums haben wir ja selber erfahren, wie Statistiken gemacht werden. Was man herausbekommen will, bekommt man auch heraus. Das sollten Sie nicht vergessen. Die Wirklichkeit sieht ganz anders aus. Wissen Sie, ein Onkel von mir, jahrzehntelang Zahnarzt gewesen, ist schon hoch in den Siebzigern und quietschfidel.»

«Wohl die große Ausnahme. Für mich jedenfalls ist diese Berufsanalyse enorm wichtig, geradezu überlebenswichtig. Danach kann ich nicht ausschließen, dass ich in meiner Praxis mein Leben arg verkürze», beharrte ich.

Er sah mich spöttisch an.

«Die körperlichen und seelischen Strapazen, während wir behandeln. Der Schmerz in den Gesichtern unserer Patienten. Die Angst in ihren Augen», höhnte er. «Das soll uns also auf eine derart fatale Weise belasten. Dass ich nicht lache! Demzufolge würden wir ja einen lebensgefährlichen Beruf ausüben. Was für ein Unsinn! Ich sehe nur in Münder, in denen ich repariere, was zu reparieren ist. Alles andere beachte ich nicht weiter. Ich habe ein dickes Fell. Ich bin gerne Zahnarzt und erfreue mich bester Gesundheit. Was die Psychologen wohl noch erfinden werden. Ich wäre nicht überrascht, wenn sie demnächst Karies als Symptom einer psychischen Erkrankung auslegen würden.»

Pascheck ist vor drei Jahren gestorben. Sein Ende kann nicht im Rahmen dieser für mich so wichtigen Statistik beurteilt werden. Er verunglückte, erst 56 Jahre alt, bei einem alltäglichen Verkehrsunfall tödlich. Vermutlich gibt es dazu eine andere Statistik.

Meine Wohnung hier am Krematorium und jener Artikel führten mich zu dem Lebensstil, mit dem ich bereits seit mehreren Jahren sehr zufrieden bin. Als mich die statistische Aussage, eine Lebenserwartung von nur 61 Jahren zu haben, schockte, praktizierte ich noch als Zahnarzt, wohnte aber schon hier. Mir wurde bewusst, dass meine Zeit immer knapper wurde. Damals war ich 54 Jahre alt. Meine Frist lief ab, darüber täuschte ich mich nicht mehr hinweg. Ich warf mir vor, mit dem Tod getändelt zu haben. Im Normalfall blühte er mir in sieben Jahren. Das war für mich eine eindringliche Warnung. Ich zog die Konsequenzen, änderte mein Leben. Ich konnte es mir leisten.

Ohne diese Berufsanalyse, die meine Praxis zu einem lebensgefährlichen Ort machte, wäre ich wohl heute noch Zahnarzt. Ich hatte mir nämlich vorgenommen, meinen Beruf bis zu meinem sechzigsten Lebensjahr auszuüben. So lange wollte ich törichterweise weiterarbeiten. Erst dann wollte ich nur noch Privatmann sein, ein Leben, das ich mir trotz aller Verlockungen nicht ohne Unbehagen vorstellte. Wie würde ich dann hier zurechtkommen, ohne meine Zahnarzttätigkeit, den Tag zur freien Verfügung? Würde mir nicht der Beruf fehlen? Wäre ich dann nicht viel zu jung fürs Rentnerdasein? Ich kaschierte, redete mir ein, dass ich die Regelmäßigkeiten meines Arbeitsalltags noch brauchte. Meine florierende Praxis fasste ich als den Beweis für meine unverminderte Leistungsfähigkeit auf. Ich glaubte, dass 60 Jahre das passende Alter sei, um es mir bequem zu machen und mich ganz dem Müßiggang zu widmen. Dann würde ich auch dank meines Berufs wohlhabend genug sein für eine freie Existenz nach meinem Geschmack.

Obwohl ich bereits am Krematorium lebte und mich auch dort veränderte, gaukelte ich mir noch erstaunlich lange selbst etwas vor. Bis mir der Artikel die Augen öffnete. Erst dann kam ich zur Vernunft. Ich bedauerte, nicht eher meinen Beruf aufgegeben zu haben. Ich hätte es mir schon viel eher leisten können. Aber ich hatte es aufgeschoben, Vorwände gesucht und gefunden, mich auch vom Geldverdienen vereinnahmen lassen. Dazu haben die kleinen Verhältnisse, denen ich entstamme, wohl mit beigetragen. Geldsorgen gehörten in meiner Familie zur Tagesordnung. Jetzt jedoch befand ich mich auf der finanziellen Sonnenseite und aalte mich wohlgefällig in meinem wachsenden Reichtum. Trotz aller Erfahrungen, trotz meines veränderten Bewusstseins, das meine Jahre hier am Krematorium zurechtgeschliffen hatten, war ich noch immer geldgeil. Der Artikel kurierte mich. Ich konnte nicht mehr ausweichen. Es ging ums Überleben.

Ich gab meinen Beruf auf und pensionierte mich. Zwar konnte ich nicht ausschließen, dass die Berufsanalyse fehlerhaft war, und die tatsächliche Lebenserwartung von Zahnärzten eher dem deutschen Durchschnitt entsprach, aber das war für mich unerheblich. Ich hielt es für weitaus vernünftiger, mich nach diesen bestürzenden Ergebnissen zu richten. Allein schon die Besorgnis, möglicherweise einen geradezu mörderischen Beruf jahrelang ausgeübt zu haben, reichte mir. Das Risiko war viel zu groß. Und ich merkte, wie leicht ich auf meinen Beruf verzichten konnte. Er war immer nur Mittel zum Zweck ge-

wesen, hatte keine weitere Bedeutung. Ich strich ihn aus meinem Leben.
Wenn ich meinen Beruf nicht aufgegeben hätte, acht Jahre sind seitdem vergangen, dann würde ich heute vielleicht nicht meine durchschnittliche Lebenserwartung um 14 Monate übertreffen, dann wäre ich vielleicht schon längst Asche. Das werde ich hoffentlich erst nach einem guten Vierteljahrhundert sein. Leider gibt es dafür keine Garantie, aber ich rechne damit, dass meine grauen Reste nicht so bald im, das habe ich bereits geregelt, anonymen Aschengrab der nur wenige Schritte von mir entfernten Krematoriumsanlage lagern werden. Denn abgesehen von einem harmlosen, berufsbedingten Rückenleiden und einer Hausstauballergie besitze ich eine ärztlicherseits schon oft bestätigte außergewöhnlich robuste Gesundheit. Ich bin auf ein langes Leben eingestellt. Und das versuche ich hier mit allen mir zur Verfügung stehenden Mitteln zu erreichen.
Wenn das Krematorium modernisiert sein wird, vier neue, leistungsstärkere Öfen arbeiten, die Rauchgasemissionen weit genug unter dem Grenzwert liegen und die Chlor- und Fluorverbindungen, die beim Verbrennen der Särge und der Leichen entstehen, gut gefiltert über den Schornstein in die Luft abgegeben werden, dann wird es noch genauso aussehen wie jetzt. Erneuern wird man nur die innere Maschinerie. Am Äußeren der Krematoriumsanlage wird sich nichts ändern. Weiterhin werde ich hier sehen, was ich schon seit fast zwölf Jahren zu sehen gewohnt bin, was zu meinem Tagesablauf gehört, mich mein Lebendigsein so intensiv spüren lässt und immer wieder von Neuem fürs Leben entflammt.
Mein Wohnzimmer bietet mir einen Panoramablick auf das Krematorium, den ich nicht missen möchte. Meinen Hauptaugenmerk richte ich auf den mit blassgelben Ziegeln ver-

klinkerten, sich nach oben hin verjüngenden Schornstein, der die nähere Umgebung deutlich überragt. Er ähnelt einem klobigen Obelisken, dessen oberes Ende abgestumpft worden ist. Ein Blitzableiter auf seiner rußgeschwärzten Spitze scheint ihn bislang vor Gewitterschäden bewahrt zu haben. Wenn Rauch aus ihm aufsteigt, weiß ich, dass sich der Zweck des Krematoriums erfüllt, dann wird sichtbar, wofür es da ist, und gespannt verfolge ich dieses eindrucksvolle Schauspiel. Seit Jahren wirkt es unvermindert stark auf mich ein und lässt mich triumphieren: Aber ich lebe!

Auch wenn er für mich zu einer Gewohnheit geworden ist, von diesem Triumph kann ich gar nicht genug bekommen. Aber ich lebe! Angesichts der Rauchzeichen, die mir vom menschlichen Ende künden, fühle ich mich auf eine beglückende Weise lebendig. In unregelmäßigen Rhythmen stößt der Schornstein den Rauch aus. Es wirkt weniger eruptiv als gedrosselt. Die Rauchstöße der Verbrennung sehe ich mal mehr, mal weniger, was davon abhängt, wie viele Leichen verascht werden, und wie oft und wie lange ich zum Krematoriumsschlot sehe.

Ich bin nicht süchtig nach diesem Anblick. Er gehört für mich dazu, eine alltägliche Wahrnehmung, die nicht über das normale Maß hinausgeht. Die verschiedenen Qualmformen und Grautöne, die ich zu sehen bekomme, werden wohl hauptsächlich von den jeweiligen Witterungsverhältnissen bestimmt. Er ist nicht so dick wie gewöhnlicher Industrierauch. Eher dünn quillt er heraus. Manchmal hat es den Anschein, als würde er aus dem Schornstein tänzeln. Weil er zu den leichten Raucharten zählt, wird er auch von schwachen Luftströmungen schnell erfasst. Wenn es windig ist, kommt er kaum über den Rand hinaus, schon knapp über ihm wird er verteilt und aufgelöst. Nur an windstillen Tagen steigt er langsam und

puffweise nach oben. Sein Qualmen bekommt dann für mich etwas Pathetisches.
Wenn auch der Schornstein bei mir eine Sonderstellung einnimmt, für mein Lebensgefühl ist der ganze Krematoriumskomplex bedeutsam. Jeden Tag, den ich hier verbringe, lasse ich meinen Blick lange über das sich vor mir ausbreitende Krematoriumspanorama schweifen, über:
Das Atriumgebäude, das mich mit seinen klassizistischen Anklängen an eine alte Industrieanlage erinnert; das Kuppeldach des Haupttraktes, das sich pompös von den vergleichsweise nüchternen Dächern der beiden Seitengebäude abhebt und dem Krematorium etwas Palastartiges gibt, weswegen ich es auch den Aschenpalast nenne; das verwaschene Grau der Fassaden, welche im Laufe der Zeit diesen Farbton angenommen haben, der mir sehr passend, nämlich aschgrau erscheint; die verschiedenen Figuren, Reliefs und Fensterzierrate, die das Krematorium schmücken, es zu einer Baubesonderheit machen sollen; die beiden großen in Stein gehauenen Fabelwesen, geflügelte Löwen, die das schmiedeeiserne Tor flankieren; den gärtnerisch misslungenen Innenhof, der immer vernachlässigt wirkt; die efeuberankte, das gesamte Areal umschließende Mauer, die beträchtliche Steinschäden aufweist; die Urnengräber mit den handelsüblichen Trauerdekorationen und den meist unverhältnismäßig großen Grabsteinen; die zwischen alten Bäumen sichtbare Rasenfläche des anonymen Urnenfriedhofs, auf dem dereinst mein Aschenrest mich überdauern wird.
Meine Eigentumswohnung liegt in der fünften und obersten Etage eines in gediegener Zweckbauweise errichteten Hauses. Es gehört zu einem Wohnviertel, das wegen seiner grünen und ruhigen Stadtrandlage als bevorzugt gilt. Jeder, der hier wohnt, scheint die Krematoriumslage zu akzeptieren. Sonst

hätte er ja wohl auch darauf verzichtet, in diesem Viertel eine Wohnung zu mieten oder zu kaufen. Die Quadratmeterpreise sind günstig. Das Krematorium ist sicherlich ein Preisdämpfer. Der Makler, der mir damals die Eigentumswohnung anbot, versuchte, die Krematoriumslage herunterzuspielen, verglich sie mit dem Wohnen in der Nähe von Friedhöfen, meinte, dass man sich schnell an so eine Umgebung gewöhne, legte schließlich den Preisköder aus, worauf ich auch anbiss. Aber noch ein anderer Grund gab für mich den Ausschlag, diese Wohnung zu kaufen.

Zu jener Zeit war ich auf meinem Tiefpunkt angelangt, ohne Aussicht auf Besserung. Ich lamentierte wegen meines vermeintlich schweren Schicksals und gab mich ganz dem Weltschmerz hin. Eine Apokalypse hätte ich vielleicht mit den Rachegelüsten eines vom Leben maßlos Enttäuschten freudig begrüßt. Aber was war schon geschehen? Relativ wenig, nur eine der abgedroschenen Geschichten aus dem gewöhnlichen Familienleben.

Meine Ehe war auf eine für mich schmerzliche und kostspielige Weise in die Brüche gegangen, und mein Sohn zeigte mir unverhohlen, dass er ein entschiedener Gegner von mir war. Eine Entwicklung, die ich hätte voraussehen müssen. Anzeichen dafür hatte es genügend gegeben, doch ich hatte es nicht wahrhaben wollen und immer wieder abgeschwächt. Jetzt kam alles überdeutlich zutage. Mehr war nicht passiert. Aber verquält bilanzierte ich meinen Familienbankrott. Stand ich nicht mit leeren Händen da? Was war mir denn geblieben, wofür es sich zu leben lohnte? Was konnte ich von meinem weiteren Leben denn noch erwarten?

Ich verdüsterte mich mit großem Geschick. Mein Leben in einer Eigentumswohnung in unmittelbarer Nähe eines Krematoriums zu fristen, hielt ich aufgrund meines privaten Schiffbruchs für einen überaus passenden Entschluss. Ich reagierte so, als wäre für mich eine Welt zusammengebrochen. Dabei hätte ich einsehen müssen, dass ich bloß vor den Trümmern einer langen Torheit stand. Nur noch selten und immer schwächer erinnere ich mich heute an diese Zeit, in der ich mich in Melancholien verbiss und dafür meine Wohnung am Krematorium missbrauchte.

Ich begann, ein Tagebuch zu führen. Ich war von dem Wert meines Leidens überzeugt. Ich bespiegelte es und fand meinen Gefallen daran. Viele Seiten füllte ich mit meiner damals noch viel zu kleinen Handschrift, um festzuhalten, was mir wichtig schien. Meine liebste Unterhaltung führte ich mit mir selbst. Ich wollte auch Vorsorge treffen für später, wenn ich nachlassen würde, immer mehr für mich und von mir unterginge. Dann könnte ich mich in meinen Tagebüchern wiederfinden, dann wären sie meine Erinnerungsprothesen. Ich schätzte meinen Zustand als endgültig ein und wollte ihn schriftlich über die Zeit retten.

Als ich vor zwei Jahren diese Tagebücher wieder las, war ich unangenehm berührt. Was für Clownerien der Verzweiflung, wie zerknirscht ich mich durch den Tag schleppte, was für lächerliche Angriffe auf das Leben, wie unverdrossen ich mich mit sinnlosen Problemstellungen folterte, wie weinerlich ich an meiner Vergangenheit klebte. Ein Fremder, der sich da in seinen eigenen Fesseln wand. Dank des Krematoriums war ich inzwischen ein anderer geworden. Was gingen mich diese Tagebuchseiten aus einer für mich schon längst weggestorbenen Zeit noch an? Weder hatten sie für mich einen Unterhaltungswert, noch eigneten sie sich als Erinnerungsprothesen, da sie aus einer Zeit stammten, an die ich mich, wie ich erfreut feststellte, immer schwächer erinnerte, und die ich auch vergessen wollte. Sie waren für mich wertlos geworden. Ich würde diese trübsinnigen Litaneien nie wieder lesen, wollte sie nicht mehr sehen. Ich verbrannte sie.

Wo weilest Du? Bring mich zur Ruh! Komm, führ mich in Dein stilles Land. Und schließe mir mit sanfter Hand die trüben Augen zu.

Vermutlich werde ich diese Verse aus einem klassischen Gedicht solange in meinem Gedächtnis behalten, wie ich eines habe. Sie geistern gelegentlich als Vergangenheitsreste durch meinen Kopf, meistens dann, wenn meine Gedanken die erste ebenso schwierige wie verdrehte Zeit streifen, die ich hier in meiner Wohnung verbracht habe oder wenn sie beim Tod verweilen, den es für mich eigentlich nicht gibt, ein Verlegenheitswort nur, das ich in Ermanglung eines besseren Begriffs für die Bezeichnung des Gegensatzes zu Leben benutze.

Als ich diese Verse kurz nach meinem Einzug auswendig lernte, war meine Anfälligkeit für schwarzes Kunstgewerbe besonders groß. Was sich lebensmatt oder gar lebenssatt gab, fand bei mir begierige Aufnahme. Ich lebte auf Sparflamme. Ich fand am Tod Gefallen, näherte mich ihm, versuchte, mich mit ihm über meine Enttäuschung hinwegzutrösten, was mir leidlich gelang. Zwar war ich nicht dem Tod verfallen, sonst hätte ich nicht schon damals eine florierende Praxis gehabt, aber ich brauchte ihn als Ausgleich für Erfahrungen, mit denen ich nicht umzugehen verstand.

Weil ich mich vom Leben schlecht behandelt fühlte, entwickelte ich eine mir heute lächerlich erscheinende Sympathie für den Tod. Das Krematorium beflügelte mich dabei. Der Tod wurde mein Steckenpferd. Viele schwerblütige Gedanken, mit denen man ihn überzogen hatte, waren mir bald vertraut. Aber dann merkte ich, wie meine verkorkste Lebenseinstellung, je eingehender ich mich mit dem Tod auseinandersetzte, in ihr Gegenteil umschlug. Überrascht zögerte ich

noch, es dauerte jedoch nicht lange, bis ich in eine mir zuvor unbekannte Lebenslust einwilligte.
Ich habe wohl diesen anfänglichen Umweg über den Tod gebraucht, dieses in ihn Verranntsein aus Schwäche, um bei mir anzukommen. Heute schüre ich mit ihm meinen Elan. Der Tod ist für mich nur noch eine Wortbequemlichkeit. Wer oder was soll denn der Tod sein? Eigentlich kann es nur Totes geben. Wie dem auch sei, das Enden hat mich gelehrt, meine mir noch verbleibende Zeit so auszuleben, wie es mir gefällt. Wenn ich auf den Tod eingehe, beweise ich mir mein Leben. Eine glänzende Unterhaltung für mich, die ich ebenso gerne wie oft wiederhole.
Heiterkeit erregen bei mir heute die weihevollen, sorgfältig zurechtgefeilten Herzensergießungen, in denen man sich vom Leben abwendet und dafür mit dem Tod anbändelt. Dann benotet man ihn mit gut gestimmten Instrumenten, singt ihm traurige Ständchen oder duzt ihn reimend an. Wie schön man doch leiden kann, wenn es einem schlecht geht! Es sind für mich Komödien um den Tod. Wer sagt, der Tod sei ein Tor, durch das wir als Sterbliche hindurch müssen, um eines neuen Seins teilhaftig zu werden, dessen Kenntnis sich uns zu Lebzeiten entzieht, der muss ein Tor sein, ein Hohepriester des Unsinns. Nah verwandt hiermit und mit nicht weniger Todeskitsch angereichert ist die Behauptung, dass der Tod nicht das absolute Ende, er vielmehr eine Verwandlung bewirkt, wobei aus dem irdischen Leben das andere hervorbricht, das gleichsam wie ein Schmetterling sich dann entpuppt. Wer solche Vergleiche zieht, sich in diese einspinnt, dabei das Leben als eine Art Larvenstadium einer Existenzform abwertet, die sich erst mit dem Tod richtig entfaltet und verwirklicht, der wird sich wundern, wenn es mit ihm vorbei ist. Erstaunlich häufig bin ich auf solche und ähnliche Veranschaulichungen des To-

des als Verwandlungszone gestoßen, ab der wir ins eigentliche Leben gelangen sollen. Nur zum Spott reizt mich die demütige Bitte: Lehre uns unsere Tage auszuschöpfen, dass wir zur Weisheit des Herzens gelangen, die uns dazu führt, dass wir aus unserem Tod das letzte Meisterwerk unseres Lebens machen. Gleichgültig, mit welcher Einstellung ich mich unterhalte, die andere zum Tod haben, ob mehr oder weniger unsinnig, ich empfinde dabei auf eine köstliche Weise mein Lebendigsein.

Meine häufige Beschäftigung mit dem Tod bewerte ich als einen für mich unterhaltsamen Sport, den ich für meine restliche Zeit, mein Ausleben brauche. Meine Einstellung gegenüber dem Tod kann nur frontal sein. Ich weiß, dass er mich vernichtet, dass ich, wenn ich gestorben bin, ich mich endgültig verloren habe, alles für mich vorbei ist, todeslang. Genaugenommen ist der Satz: Wenn ich gestorben bin, falsch. Wie kann ich denn etwas sein, wenn es mich nicht mehr gibt? Ich werde also nie gestorben sein, sondern mich wird es einfach nicht mehr geben, nur noch meine Überbleibsel. Die tödliche Banalität, die mir bevorsteht, wird ein Ereignis sein, bei dem sich das einzige Gleichheitsprinzip verwirklicht, das bedingungslos für alle Menschen von Anfang an gilt. Diese Demokratie des Todes wirkt auf mich beruhigend. Mein Todesurteil steht fest, irgendwann geschieht die Vollstreckung, damit habe ich mich wohl abgefunden. Der Tod verweist mich gnadenlos auf mein eigenes, noch verbleibendes Leben; darin liegt die einzige Bedeutung, die ich ihm gebe. Indem ich einsehe, dass ich von ihm überhaupt nichts erwarten kann, ich nach meinem Lebensende nichts anderes als ein Aschenrest sein werde, der hier auf dem anonymen Urnenfriedhof verschwunden ist, wende ich mich ganz meinem Leben zu. Den größten Wert besitzt für mich der einzelne Tag, den ich verbrauche,

wie es mir beliebt, und der morgen weggestorben sein wird.
Der Bauchnabel von Sylvia übt auf mich einen außergewöhnlichen Reiz aus. Schon oft habe ich ihn gesehen, aber er fesselt jedes Mal meinen Blick, wenn ich ihn zu Gesicht bekomme. Erst bei ihr begann ich den Bauchnabel wichtig zu nehmen, hatte ihn vorher kaum beachtet, übersah ihn meistens, als würde er gar nicht zum Körper gehören. Die Form ihres Nabels fiel mir sofort auf. Denn er ist nicht wie bei vielen anderen in einem Körperloch verborgen, im Bauch eingesunken, sondern er wölbt sich eigenartig verfaltet hervor, verschließt gut sichtbar ihren Körper. Das Aussehen ihres Nabels gefällt mir. Er stellt eine flache Fleischknospe dar.
Anfangs zierte sie sich noch, als sie mein Interesse für ihren Bauchnabel bemerkte. Sie meinte, sie sei schlecht abgenabelt worden.
«Er ist misslungen», sagte sie, «er ist nicht schön. Sieh ihn nicht so an, das macht mich ganz nervös.»
Doch schon bald hatte sie nichts mehr dagegen einzuwenden, und sie schloss versonnen lächelnd die Augen, wenn ich ihn küsste. Ich habe sie überzeugen können, dass ich ihn gerne betrachte, den Nabellöchern vorziehe, er für mich zu ihren anderen Reizen gehört, die schöne Mitte ihres Körpers bildet, wenn ich sie nackt sehe. Weil der Bauchnabel immer Handarbeit ist, fällt wohl jeder anders aus. Einen wie ihren habe ich jedenfalls noch nicht gesehen, diese kleine Fleischknospe im Zentrum ihres üppigen Körpers, die mich stimuliert, zeugt sie mir doch vom Ende des Anfangs und vom Anfang des Endes, eine Aufforderung für mich, unsere gemeinsame Zeit in vollen Zügen auszukosten.
Sylvia akzeptiert jetzt ihren Bauchnabel, schenkt ihm einige Beachtung, cremt ihn mit einer Feuchtigkeitscreme sorgfältig ein. Ihre Idee, ihn mit einem Brillanten zu schmücken, hat sie

glücklicherweise fallen gelassen, vielleicht mir zuliebe, vielleicht, weil sie die Infektionsgefahren, die ich warnend vorschob, fürchtete. Einen Brillanten in ihrem für mich so bedeutungsvollen Bauchnabel hätte ich als Fremdkörper empfunden.

Gestern bat ich sie, sich nackt so hinzustellen, dass ich auf einer geraden Linie von ihrem Bauchnabel aus zum Krematorium und vom Krematorium zurück zu ihrem Bauchnabel sehen könnte. Bereitwillig ging sie darauf ein.

«Ich verstehe, was du meinst», sagte sie ruhig. Sie ließ mich noch mehrmals hin- und herblicken, dann fragte sie: «Genügt's?»

«Ja», antwortete ich zufrieden.

Ich glaube, sie hatte mich verstanden. Natürlich konzentriert sich meine Begierde nicht auf ihren Bauchnabel, aber neben ihren Hauptreizen betrachte ich ihn als ein für mich wichtiges Körperteil, das ich mal mehr, mal weniger einbeziehe, je nachdem. Diese Fleischknospe trägt gewiss mit dazu bei, dass mich ein Frauenkörper noch nie so begeistert hat wie der von Sylvia. Ihr Körper zählt zum Fleischbarock. Er bietet mir eine Üppigkeit, die mich ihr Skelett vergessen lässt, was ich sehr schätze.

Frauenformen, die nur wenig das Knochengerüst umspielen, lassen mich heute kalt. Früher, vor meiner Krematoriumszeit, fühlte ich mich mehr zu den sportlichen Frauenkörpern hingezogen, diesen schlecht gepolsterten Skeletten ohne Sinnlichkeit. Ein Geschmackswandel. Wenn sich heute vor meinen Augen eine gewisse Fleischesfülle und die davon abhängigen weiblichen Formschwünge nicht zeigen, geht für mich der Körper schnell verloren. Ich werde dann zu sehr auf die Knochen darunter verwiesen und den Eindruck nicht los, eher ein Skelett als einen Körper vor mir zu haben.

Sylvias Körper dagegen strotzt vor Fülle, ohne jedoch dick zu sein, ein gelungenes Fest der Formen, wenn auch schon etwas herbstlich, aber doch voll sinnbetörender Lebendigkeit, die mich beglückt. Ich wäre gern jünger. Diese harten Zäsuren manchmal, die das Alter mit sich bringt! Sie geht auf die 50 zu, was man ihr auf den ersten Blick nicht ansieht. Im Vergleich zu ihrem Körper wirkt ihr Gesicht älter. Ihre noch markanten Züge beginnen sich unvermeidlich zu weiten, werfen Falten, werden undeutlicher. Sie macht nicht viel Aufhebens darum. Sie altert erstaunlich gelassen. Daran könne sie ja doch nichts ändern. Hier sei ihr einiges klarer geworden. Das Krematorium habe sie abgehärtet, sie sei vorher zu weich gewesen, meint sie.
Auf einer Reise durch Griechenland lernte ich sie vor drei Jahren kennen. Von Anfang an entfaltete sich unsere Zuneigung simultan. An das Krematorium gewöhnte sie sich schneller als ich erwartet hatte. Zuerst wollte sie nicht in meiner Wohnung übernachten, weil sie Albträume befürchtete. Auf dem Balkon hielt sie sich nur kurz auf, glaubte, sie würde dort Luft einatmen, die mit dem Krematoriumsrauch und mit darin befindlichen Leichenpartikeln vermischt wäre. Manchmal bildete sie sich ein, Aschengeruch in meiner Wohnung wahrzunehmen. Es war für mich erheiternd, wenn sie ihr Parfüm in den Räumen zerstäubte. Sie suchte noch nach der zu ihr passenden Einstellung. Ihre Eingewöhnungsschwierigkeiten legten sich aber bald. Ich merkte, dass sie sich von der für sie völlig neuartigen Erfahrung einiges versprach, sie darauf gespannt war, wie alles weiterging.
Den Tod hatte sie vorher so weit wie möglich aus ihrem Leben verscheucht, weil sie, wie sie sagte, nicht traurig werden wollte. Aber hier stellte sie sich ihm schon bald mit einer Energie, die mich überraschte und erfreute. Eine Zeit lang redete sie

über den Tod, als ginge es ihr ums Überleben. Wenig später machte sie sich über ihn und das Krematorium lustig. Während der Schornstein rauchte, fragte sie mich einmal:
«Weißt du, was ich machen würde, wenn der Tod vor meiner Tür stehen würde und knöchern anklopfte?» Ohne meine Antwort abzuwarten, sagte sie strahlend: «Verschwinde, würde ich rufen, ich bin nicht da.»
Sie lebt gern. Der Tod ist eine lebenslange Bedrohung, man darf keine Zeit verlieren, meint sie. Jede Hektik ist ihr fremd. Ihre Vorliebe fürs Bequeme lässt sie oft in eine maßvolle und mir angenehme Trägheit gleiten. Sie besitzt eine gute Schutzschicht vor schneidenden Gedanken. Problemen geht sie am liebsten aus dem Weg. Anstrengungen vermeidet sie, auch in geistigen Dingen, wo sie es gern gemütlich hat, sonst ermüdet sie. Mit ihrem jetzigen Leben scheint sie zufrieden zu sein. Ihre Auseinandersetzung mit dem Tod hat sie als eine besondere Leistung abgehakt. Zu einer ähnlichen Anstrengung wird sie wohl nicht mehr bereit sein.
«Der Tod», saget sie mir einmal, als wir vom Wohnzimmer aus unseren Blick über das Krematoriumsgelände schweifen ließen, «hat mich gelehrt, alles weniger wichtig zu nehmen.» Ich glaube, für ihren Lebensstil hat sie die Erfahrungen gemacht, die sie gut gebrauchen konnte. Es berührt sie nicht mehr, dass es ihr, wie sie es ausdrückte, versagt war, Kinder zu bekommen, vorbei ist die Zeit, als sie noch mit leiser Wehmut von einem für sie nicht zu verwirklichenden Familienleben sprach. Sie fühlt sich jetzt von Kindern verschont, meint, dass der Zeitaufwand für sie zu groß sei, sie auch das reinste Vabanquespiel seien, man mit ihnen sein blaues Wunder erleben könne, wofür mein Sohn leider ein passendes Beispiel sei. Über mein Familiendebakel, das sie noch immer reizt, haben

wir auch heute wieder gesprochen. Sie empört sich jedes Mal von Neuem.
«Wie konntest du nur auf so ein Miststück hereinfallen? Warum hast du es so lange bei dieser Hyäne ausgehalten? Betrügt dich jahrelang nach Strich und Faden, schafft heimlich eine Menge Geld beiseite und hetzt eueren Sohn gegen dich auf. Du musst blind gewesen sein.»
Interessiert, als würde sie eine wichtige Neuigkeit erfahren, hört sie mir dann zu, vielleicht mit der Zufriedenheit darüber, wie gut es mir bei ihr jetzt geht, wenn ich ihr zum wiederholten Male von meinem früheren Familienleben erzähle, ihr zu erklären versuche, dass ich damals ein anderer gewesen war, ein unsicherer, feige seine Fassaden bewahrender Kindskopf, gut situiert und unehrlich, dummstolz, eine schöne Frau, der ich mich unterlegen fühlte, geheiratet zu haben.
«Schön und gut, Jürgen. Aber du solltest dich nachträglich nicht so schlecht machen. Du bist auf ein raffiniertes Biest hereingefallen. Erst hat sie dir schöne Augen gemacht, dann dich eingeschüchtert. Erst geht sie fremd, dann reicht sie frechweg die Scheidung ein und nimmt dich auf eine ganz miese Art aus. Auch heute noch. Kannst du wirklich nicht dagegen prozessieren?»
«Das wäre zwecklos, Sylvia. Ich habe eben für meine Torheit bezahlt, und sie wird mich auch weiterhin einiges kosten. Was soll ich mich darüber noch aufregen. Reich bin ich trotzdem.»
«Aber du wärest sonst reicher», entgegnete sie sachlich. «Ich bin froh, dass du zu beiden keinen Kontakt mehr hast. Das ist auf jeden Fall das Beste für dich. Sie haben dir übel mitgespielt. Ein Mutter-und-Sohn-Pakt gegen den Vater. Ich finde so etwas grässlich. Dein missratener Sohn kommt bestimmt auf seine Mutter, nach allem, was du mir über ihn erzählt hast. Wie lange hast du deinen Sprössling nicht mehr gesehen?»

«Beinahe ein Jahr», antwortete ich.
«Macht dir das wirklich nichts mehr aus?»
«Nicht im Geringsten. Er hat jeglichen Sympathievorschuss aufgebraucht, ich sagte es dir schon.»
«Aber du bezahlst weiter für ihn.»
«Ich muss, Sylvia. Er wird mich sogar noch beerben, aber er wird nicht mehr bekommen als ihm gesetzlich zusteht. Du weißt, du bist mein Haupterbe.»
«Sag nicht so etwas, Jürgen», protestierte sie, «das macht mich ganz traurig.»
Ihre Augen schimmerten feucht. Hoffentlich bleibt zwischen uns alles so, wie es ist.
Meinen Beruf vermisse ich nicht. Ich habe mich ohne Komplikationen von ihm getrennt, Dr. med. dent Jürgen Többen i. R., eine einfache Häutung. Wenn ich vom Pensionierungsbankrott höre, kann ich nur gleichgültig mit den Achseln zucken. Menschen, die sich daran hochranken, wie brauchbar sie sind, eine sonderbare Disziplin. Wahrscheinlich haben sich die von dieser Berufskrankheit Befallenen während ihres Arbeitslebens zu wichtig genommen und sind ganz vom Verdienen ihres Lebensunterhalts vereinnahmt worden. Bedauernswerte Helden der Arbeit, die dann aus Altersgründen dazu verurteilt sind, in ihrer Freizeit umherzuirren. Sie verlieren sich aus den Augen und können nicht darüber hinwegkommen, dass sie ohne Resonanz bleiben, wenn sie sich mit der Frage nach dem Sinn ihres Lebens abklopfen. Als Zahnarzt arbeitete ich für mich. Ein krisensicherer Beruf, den ich weniger aus Neigung als aus finanziellen Erwägungen gewählt hatte. Meine Patienten behandelte ich als Mittel zum Zweck. Ich wollte an ihnen verdienen. Jeder Mund war für mich eine Geldquelle. Alles Weitere ergab sich von selbst. Ohne es zu wollen, war ich somit für andere da, half fremden Menschen, trug zur

Volksgesundheit jahrelang bei und schadete, von kleineren Behandlungsfehlern einmal abgesehen, niemandem, während ich praktizierte, was im Berufsleben nicht die Regel ist.
Wer ich bin, frage ich mich nicht mehr. Diese Frage hat ihre Bedeutung verloren; ich halte sie jetzt für grundfalsch. Ich bin vergänglich, das weiß ich; diese Wahrheit genügt mir. Hier am Krematorium sind für mich alte Probleme belanglos geworden. Sie haben sich förmlich in Rauch aufgelöst. Das Krematorium fasse ich als mein Wahrzeichen auf. Wenn es stillgelegt worden wäre, hätte es zu viel verloren. Glücklicherweise ist das Gegenteil der Fall. Ich glaube nicht, dass ich eine ähnliche Wohnung gefunden hätte. Ein einmaliges, nicht zu ersetzendes Krematorium. Es ist unlösbar mit meiner Geschichte verknüpft. Es hat mich befreit. Ich brauche dieses Krematorium. Es feuert mich an. Es bewahrt mich vor Rückfällen. Es festigt weiter meine hier erworbene Grundstimmung. Es spricht eine unmissverständliche Sprache, die mich dazu auffordert, meinen Lebensrest, auch wenn ich ihn als zu klein empfinde, so gelassen und so angenehm wie möglich zu verbrauchen. Als eine Legitimation für meinen Lebensstil, der dem eigenen Wohlergehen dient, betrachte ich es auf keinen Fall. Warum sollte ich mich auch rechtfertigen?
Ich war verwundert, als Karin Seibald in einem Café, wo wir uns Anfang des Monats zufällig begegnet waren, vor mir ihr gegenwärtiges Leben wie für einen Rechenschaftsbericht ausbreitete. Enttäuscht hatten wir uns damals getrennt, weil wir uns zu viel voneinander versprochen hatten; Jahre waren seitdem vergangen. Ich merkte, dass ich einer fremden, mit ihrem inneren Spiegelbild zerstrittenen Frau zuhörte. Sie redete von sich, als gäbe es ein Gericht, vor dem der eigene Lebenswandel zur Verantwortung gezogen würde. Was sie damit bezweckte, blieb mir verborgen. Für mich wäre es ein lächer-

liches Verhalten, mich als mein eigener Lebensrichter aufzuspielen, mich selbst ins Kreuzverhör zu nehmen. Es liegt mir fern, mich anzuklagen. Sollte ich es doch einmal in einer schwachen Stunde versuchen, dann kann mein Urteil zweifellos nur Freispruch lauten. Keines Vergehens schuldig. Kann so weitermachen wie gewohnt.
«Entweder brennen oder modern», sagte ich zu Karin, als wir uns verabschiedeten, die sich allem Anschein nach keinen Reim darauf machen konnte. Warum hätte ich es ihr auch erklären sollen?
Normalerweise arbeiten japanische Krematorien nach einer Methode, bei der die Leichen nicht gänzlich verascht werden, wie es bei dem Krematorium hier geschieht, vielmehr bleibt das Skelett dank hochentwickelter Verbrennungstechnik erhalten. Als wäre ein Schwarm Piranhas über die Leiche hergefallen und hätte sie bis auf die Knochen entfleischt. Blanke Knochen sind für die Totenriten von überragender Bedeutung. Die Angehörigen nehmen dazu ausgesuchte Wirbelknochen mit, die streng nach dem jeweiligen Verwandtschaftsgrad zugeteilt werden. Feierlich bestattet man letztendlich ein kleines Aschenhäufchen aus symbolischen Beweggründen. Die für die Trauerzeremonien unbrauchbaren Knochen, der überwiegende Teil also, wird dann bei einem neuerlichen Verbrennungsvorgang zu Asche, die im Krematorium erst einmal verbleibt und mit der Asche von anderen Verbrannten in Containern angehäuft wird. Erst wenn sich die Asche lohnenswert angesammelt hat, wird sie von den Krematoriumsbetreibern an Unternehmen verkauft, für die Wiederverwertung ein gutes Geschäft ist. Denn die Leichenasche enthält Gold und weitere Edelmetalle, die aus Zahnkronen und Schmuckstücken stammen. Der pietätlose Zurückgewinnungsprozess zur Wiederverwertung erfordert großen technischen Aufwand und

kann wegen seiner Kompliziertheit nur von wenigen Spezialfirmen bewältigt werden.
«In was für einer Welt leben wir eigentlich?», fragte ich Harald Voss, als er mir Anfang des Jahres diese japanischen Einäscherungsabläufe schilderte.
«In einer Welt von Geschäftemachern, ich sag's ja», antwortete er selbstironisch.
Mich interessierten noch weitere Einzelheiten, und ich fragte ihn, nach welchem Schema die Knochen für die Totenriten unter der Verwandtschaft verteilt werden, wie die symbolische Aschenbestattung vollzogen wird und wie die Krematorien mit den Wiederverwertungsfirmen zusammenarbeiten.
«Genaueres kann ich dir darüber leider nicht mitteilen, Jürgen. Ein Geschäftsfreund sprach die Tage davon. Musst du es denn so genau wissen?»
«Nein, so wichtig ist es auch wieder nicht. Sparen wir uns die Details, Harald. Irgendwie kommt mir das alles ziemlich spanisch vor», sagte ich.
«Mir auch», erwiderte er lachend. «Andere Länder, andere Sitten. Du kannst dir vorstellen, Jürgen, an wen ich mich erinnern musste?»
«An deinen strammdeutschen Onkel Lothar?»
«Genau! Vielleicht würde er heute noch leben, unbestraft und allseits geachtet, wenn er damals nicht in die eigene Tasche gearbeitet hätte. Er war zu habgierig, hätte nur den Lagerkommandanten mitzubeteiligen brauchen, und die ganze Sache wäre für ihn anders verlaufen, auf jeden Fall weniger tödlich».
«Er muss ein durch und durch verkommener Mensch gewesen sein. Wie sonst hätte er mit dem Zahngold von KZ-Opfern einen schwunghaften Handel treiben können?», fragte ich Harald.

«Der menschliche Geschäftssinn regt sich eben überall. Geschah ihm ganz recht, dass ihn die eigenen Leute aufgeknüpft haben», urteilte er.
«Eine Gerechtigkeit scheint es immer zu geben», meinte ich.
Er zündete sich einen Zigarillo an, machte einige Züge, während er aus dem Fenster sah.
«Hättest du deine Wohnung hier wirklich abgestoßen, wenn das Krematorium stillgelegt worden wäre»?, fragte er mich.
«Zweifellos, Harald.»
«Schade, dass es nur ein Gerücht war. Ehrlich gesagt, ich hätte es begrüßt, wenn du dein seltsames Domizil aufgegeben hättest. Du überschätzt die Krematoriumslage, es ist nur eine schrullige Gewohnheit von dir. Du müsstest jetzt dein saures Gesicht sehen. Schon gut, ich weiß, darüber lässt du ja nicht mit dir reden.»
«Du kennst doch meine Vorliebe für diese unvergleichliche Wohnung.»
«Zur Genüge, Jürgen. Aber du solltest anders wohnen, schöner und großzügiger, vor allem ohne solche massiven Verweise auf den Tod. Damit hast du dich doch schon lange genug abgegeben. Überleg's dir noch einmal, ob du das Haus von Rainers Eltern nicht doch kaufen willst. Ich sage dir, eine herrliche Architektur, mit einem riesigen Grundstück, wunderschöner alter Baumbestand, dahinter sanft gewellte Hügel und dazu noch eine sichere Kapitalanlage. Wenn Sylvia bei dir einzieht, wird's hier sowieso zu eng für euch.
«Ich glaube nicht, Harald», sagte ich unwirsch. Ohne dass er es merkte, fiel Asche von seinem Zigarillo auf den Teppich.
«Du musst es wissen, Jürgen. Jedem Tierchen sein Plaisirchen. Ich bin erstaunt, dass Sylvia bis jetzt so selbstverständlich mitspielt. Hätte ich nicht gedacht. Übrigens, sie hat einen fabelhaften Geschmack. Von dem Schrank und der Truhe bin

ich begeistert, passen gut zu den anderen Sachen hier. Ich werde demnächst auch nach Belgien fahren und mich dort umsehen. Die Prospekte, die ihr mir mitgebracht habt, sind wirklich verlockend. Wusste vorher überhaupt nichts von belgischen Antiquitäten.»
«Ich auch nicht. Sylvia brachte mich darauf.»
«Sie ist Gold wert. Das meint auch Birgit. Es bleibt doch dabei, dass ihr am Samstagabend zu uns kommt? Für euere verwöhnten Gaumen wird es etwas ganz Besonderes geben. Übrigens, dein Leibarzt kommt jetzt doch.»
«Ich weiß. Axel sagte mir, dass er sich die Zeit dazu nehmen wird. Er arbeitet zu viel.»
«Das kann dir ja nicht passieren.»
«Ausgeschlossen.»
Harald drückte lächelnd seinen Zigarillo im Aschenbecher aus, sah sich in der Wohnung um, ließ seinen Blick auf dem alten belgischen Eichenschrank ruhen.
«Ich hoffe, Sylvia ist mit ihrer neuen Stelle bei Irus noch immer zufrieden.»
«Ja, sehr sogar. Das hast du gut eingefädelt, Harald.»
»Schade, dass sie nur halbtags arbeiten will. Sie hätte Rainers Sekretärin werden können.»
«Ich bin mir ziemlich sicher, dass die Halbtagsstelle bei Irus zurzeit das Beste für sie ist.»
Ich habe Harald als Patienten kennengelernt, und er ist ein Freund geworden. Damals machte er sich übertriebene Sorgen um seine Zähne, die zwar schlecht waren, aber seine Befürchtung, in Kürze ein Gebiss tragen zu müssen, war unbegründet. Davon ließ er sich zunächst nicht abbringen. Jedes Mal, wenn er zu mir in die Sprechstunde kam, privat und sehr lohnenswert, redete er von der ihn bedrohenden Zahnlosigkeit. Bevor er fünfzig sei, habe er wahrscheinlich kein eigenes Porzellan

mehr im Mund, wie sein Vater. Schlechte Zähne seien ein Familienübel.
Heute ist er noch immer der festen Überzeugung, dass ihn meine früheren zahnärztlichen Fähigkeiten vor einem Gebiss bewahrt hätten, an seinen Zähnen nur herumgepfuscht worden sei, bevor ich ihn behandelte, davon könne er ein Lied singen, es sei ein Glück für ihn gewesen, dass ich damals noch praktizierte. Ein Gebiss in seinem Mund wäre für ihn eine geradezu niederschmetternde Erfahrung, eine schwere Einschüchterung, jeder Biss würde ihm verloren gehen, was auch geschäftliche Auswirkungen hätte. Es müsse doch furchtbar für einen Menschen sein, sich morgens ein Gebiss in den eingefallenen Mund einzusetzen und dann vor dem Einschlafen wieder herauszunehmen, es anzusehen, zu reinigen, jeden Tag. Würde er ein Gebiss tragen, er würde es als ein Stück Tod empfinden. Der Tod ist für ihn ein schmutziges Geschäft der Natur, der Höchstpreis, den sie vom Leben einkassiere. Eine im Grunde genommen gewaltige Sauerei, gegen die man sich unempfindlich machen müsse, um die man sich so wenig wie möglich kümmern solle, eine reine Zeitverschwendung. Er wisse jetzt, woran er sei, es beschäftige ihn kaum noch, tot seien wir ja schließlich lange genug.
Dass ich schon seit 7 Jahren am Krematorium wohne, stempelt er als schrullig ab. Meine Eigentumswohnung sei zwar als Kapitalanlage akzeptabel, aber gänzlich ungeeignet als Zuhause für mich. Schon mehrmals hat er versucht, mich zu dem Kauf eines Hauses zu bewegen, das mir seiner Meinung nach besser bekäme als meine Krematoriumswohnung und mein Interesse für alles, was mit dem Tod zusammenhinge, aufs Normalmaß drosselte. Wegen unserer unterschiedlichen Auffassung hinsichtlich der Krematoriumslage meiner Wohnung führen wir nicht selten Gespräche, die mich wohl besser unterhalten als

ihn, Gespräche, die am Krematorium beginnen und beim Tod enden. Nichts nimmt er so wichtig wie seine Familie. Er habe eben großes Glück gehabt. Er ist stolz auf sein außerordentlich gutes Familienleben, hängt an seiner äußerlich unscheinbaren, dafür aber über innere Vorzüge verfügenden Frau und in seine beiden Töchter ist er, wie er sagt, rettungslos vernarrt. Das Schlimmste wäre es für ihn, wenn er seine Töchter überleben müsste.

Harald hat einen wichtigen Beitrag dazu geleistet, dass es mir heute auch finanziell glänzender geht als je zuvor. Nachdem ich meinen Beruf aufgegeben und meine Praxis an einen Kollegen zu einem für mich günstigen Preis verkauft hatte, galt es, Vorsorge zu treffen, dass ich von meinen Verdiensten nach meinen Vorstellungen leben konnte. Als Anlagespezialist beriet mich Harald bestens. Er wickelte für mich gewinnbringende Warentermingeschäfte ab, die mir mehr einbrachten als erwartet. Ein ähnlicher Spekulationserfolg hat sich bisher nicht wiederholt, aber unter Haralds kenntnisreicher Leitung gelingt es mir, mein Vermögen zu sichern und zu mehren. «Wir beide», so meinte er neulich, «haben uns mit unseren Berufen geholfen. Du hast mich vor der deprimierenden Erfahrung bewahrt, ein verkrüppelndes Gebiss tragen zu müssen, hast es geschafft, dass ich noch mit eigenen Zähnen kauen kann. Und weil ich dein Vermögen richtig verwalte, kannst du dich auf eine höchst angenehme Art zu Tode leben.»

Er fühlt sich zum Geschäftsmann berufen. Schon als Kind habe er gerne verglichen und eingetauscht. Es komme eigentlich nur auf den genauen Überblick an, der, gepaart mit Elastizität, worunter er die weitestmögliche Auslegung von gesetzlichen Vorschriften versteht, beinahe von alleine den Rubel rollen lasse. Er hat mir beigebracht, wie ich den Wirtschaftsteil von Tageszeitungen zu lesen habe, nämlich als Ausdruck

mehr oder minder gekonnter Machenschaften. Dass es im Wirtschaftsleben so spannend zugeht, hatte ich nicht gewusst. Ehrliche Geschäftsleute finde man nur unter den Bankrottgegangenen, die es meistens selbst verschuldet hätten.
Harald ist ein sehr erfolgreicher Geschäftsmann, was er zu genießen weiß. Er habe es geschafft. Geschäft komme von schaffen, meint er. Jedes Mal, wenn er geschäftlich erfolgreich sei, spüre er das erhebende Gefühl, wieder etwas geschafft zu haben. Erfolg und Lebensfreude gingen Hand in Hand. Schon deswegen lohne es sich für ihn, weiterzuarbeiten. Aber das Wichtigste an seinem Beruf sei, dass er seiner Familie einen großen finanziellen Spielraum ermögliche, über den sie auch dann noch verfügen könne, wenn sein Zähler irgendwann einmal auf null stehe.
Zu Pferderennen gehen wir meistens gemeinsam, er aus Leidenschaft, ich zum Vergnügen, zur Abwechslung, weil die Rennbahn für mich ein Ort ist, der mir, wenn auch gemacht und künstlich, außergewöhnlich lebendig vorkommt und den ich deswegen seit Jahren regelmäßig aufsuche. Das Drumherum unterhält mich dabei genauso gut wie das Rennen selbst. Mit der Zeit habe ich mir die Kenntnisse angeeignet, die einen diesen Sport erst richtig begreifen lassen. Auf einem Pferd habe ich noch nie gesessen und dabei wird es auch bleiben; denn ich traue Pferden nicht, sie sind mir zu groß und zu schnell. Im Sattel würde ich mich dem Tier ausgeliefert fühlen. Eher würde ich auf einem schweren Motorrad dahinrasen.
Wenn man im Pferderennsport auf dem Laufenden bleiben will, braucht man viel Zeit, und die habe ich und die investiere ich gerne dafür. Ich lese eingehend die Rennzeitungen, bin beim Training dabei, wo man aufschlussreiche Eindrücke gewinnt, ein gewisses Gefühl für das spätere Rennen entwickelt, einen Vorgeschmack bekommt, wo die besten Informa-

tionen ausgetauscht werden. Ich achte auf Tipps und Gerüchte, die den Reiz erhöhen. Ich gehe zu den Buchmachern, studiere die Notierungen und setze dann eine angemessene Summe aufs Spiel, eine Summe, niedrig genug, um von mir bedenkenlos verwettet werden zu können, aber doch so hoch, um diesen Kitzel während des Rennens zu spüren, der nur dann wirksam wird, wenn man daran persönlich beteiligt ist. Sind meine Prognosen richtig gewesen, werte ich das als eine besondere Leistung von mir, die ich an diesem Tag vollbracht habe, unabhängig, wie die einzelnen Quoten ausgefallen sind, wie viele den Zieleinlauf genauso vorausgesagt haben wie ich. Etwas hat sich so ereignet, wie ich es nach meiner Einschätzung erwartet habe, und ich bin dabei gewesen. Ein schöner Tag. Die Verluste und Gewinne, die ich verbuche, halten sich in etwa die Waage.
Rennplätze sind für mich Orte, wo für den Stillstand kein Platz ist, Orte voll pulsierender Lebendigkeit, die, wie könnte es auch anders sein, bei Pferd, Reiter und Publikum ihren Höhepunkt während des Zielgeradengalopps erreicht. Ist für mich das Rennen schon vorzeitig gelaufen, die endgültige Platzierung unwichtig geworden, weil ich auf die falschen Pferde gesetzt, diese Wette verloren habe, beobachte ich diejenigen in meiner Nähe, die mit ihren Gefühlen noch in die letzten Sekunden verwickelt sind, für die noch nichts entschieden ist, alles noch möglich scheint. Dann werde ich Zeuge, wie sich ihr Lebenselan ungehemmt Bahn bricht, gleichgültig, wie sie gekleidet sind und wie sie sich vorher gegeben haben. Sogar alte Menschen geraten spätestens jetzt aus dem Häuschen. Dann flammt kurz bei ihnen wieder etwas auf, das bereits am Verlöschen ist. Und ich verstehe diese Szene auch als eine Mahnung, weiter für mein Leben entflammt zu sein. Entweder brennen oder modern.

Harald befällt während eines Rennens oft eine fieberhafte Erregung, vor allem, wenn erstklassige Pferde am Start sind. Er ist dann kaum noch ansprechbar, bewegt sich aufgeregt hin und her, damit ihm nichts davon entgeht, was auf der Rennbahn geschieht, feuert schreiend seinen Favoriten an, jubelt, pfeift und flucht, ist nur noch ein Fanatiker unter vielen. Nachher fühlt er sich erschöpft. So etwas nehme ihn mehr mit als eine schwierige Verhandlung.
Seine Leidenschaft für Pferderennen vermag er nicht zu erklären. Zwischen Aktienbörse und Pferderennen gibt es für ihn viele Gemeinsamkeiten. Aber vom Erlebnis her sei ein bedeutender Renntag unvergleichlich, einzigartig. Nicht immer gelingt es mir, ihn davon abzuhalten, beträchtliche Summen auf Überraschungsplatzierungen zu setzen. Er schenkt Außenseitern zu viel Vertrauen. Er hört auf Jockeys. Keiner kann so gekonnt lügen wie ein Jockey, wenn es um die Form der Pferde geht. Harald blättert die Rennzeitungen nur flüchtig durch. Er habe nicht so viel Zeit wie ich und obendrein, wenn alles stimmen würde, was sie drucken, könne man diesen Sport begraben. Nur weil er vor zwei Jahren eine Glückssträhne hatte, schwört er weiter auf seine Intuition, die ihn nicht wenig kostet. Bei Pferderennen riskiert er mehr als sonst.
Ich glaube, die Rennbahn ist der einzige Ort, wo er mit falschen Kalkulationen Geld verliert. Seine jährlichen Wettverluste fasst er als eine Art Mitgliedsbeitrag für einen teuren Verein auf, den er gern zahle.
Man kann ein Pferd hassen. Das war neu für uns, als Harald und ich es vorige Woche erfuhren. Der Pferderennsport steckt voller Überraschungen. Wir sind gespannt, wie die Sache ausgehen wird, reden jeden Tag über das Meteoressen und hoffen, dass es uns bald aufgetischt wird, auch wenn wir seitdem nichts mehr von Dieter Ladda gehört haben. Wahrscheinlich

steckt er noch mitten in den Vorbereitungen zu diesem außergewöhnlichen Festmahl.
Beim Derby in Amsterdam trafen wir ihn, ein Rennsportbekannter von uns. Ihm gehört Meteor, der gerade zum Versager der Saison gewählt worden war, zu Recht; denn mit wie viel Vorschusslorbeeren hatten ihn die Fachleute bekränzt, was war alles über ihn zusammengeschrieben worden. Ein hochtalentierter Hengst hieß es eine Zeit lang.
«Na, Dieter, wie geht's denn so? Deinen Reinfall mit Meteor schon verdaut?», begrüßte ich ihn.
Er kicherte erst einmal in sich hinein.
«Verdaut ist gut, noch nicht, liebe Leute, noch nicht, aber bald», antwortete er schließlich.
Harald und ich dachten das Gleiche.
«Du hast wohl einen in der Krone», meinte Harald.
«Ich bin stocknüchtern.» Er sah sich sichernd nach allen Seiten um, als ginge es um eine Verschwörung und sagte im Flüsterton: «Ich will, dass es unter uns bleibt. Wo fange ich am besten an? Also, ihr wisst ja, dass mir die Sache mit Meteor ziemlich nahe gegangen ist. Manchmal mag ich's noch immer nicht glauben.»
«Den Gaul kannst du getrost abschreiben», sagte Harald hart.
«Ich weiß, ich weiß. Aber ich hing an Meteor. Ich hing an ihm, wie ich noch nie an einem Pferd gehangen habe. Felsenfest war ich davon überzeugt, dass aus ihm einmal ein ganz Großer würde.»
«Glücklicherweise ist der Hengst nicht dein einziges Pferd im Stall», warf ich ein.
«Er war mein Lieblingspferd. Schließlich war Heißsporn sein Vater. Aber reden wir nicht mehr davon. Als Züchter fühle ich mich jetzt von ihm bis auf die Knochen blamiert. Dass sie ihn zum Versager der Saison gewählt haben, hat mich ganz schön

getroffen, aber auch sehr wütend gemacht. Dieser verfluchte Lahmarsch. Ich hasse Meteor.»
«Kann man denn ein Pferd hassen?», fragte ich verblüfft.
«Und wie! Ich merke es doch. Fühle mich ganz krank vor Hass. Dachte schon daran, den Gaul einfach zu erschießen.»
«Pass aber dann auf, dass dich niemand dabei sieht», gab ihm Harald zu bedenken.
«Ich habe etwas ganz anderes mit ihm vor. Behaltet es aber um Himmelswillen für euch, was ich euch jetzt sage. Wenn es in die falschen Ohren kommt, bin ich bei vielen unten durch. Also: Ich werde ihn zum Pferdemetzger bringen.»
«Ist das dein Ernst?», fragte ich ungläubig.
«Mein voller Ernst. Aber das ist noch nicht alles. Ich lasse ihn nicht nur verwursten, ich werde ihn auch essen.»
«Doch nicht das ganze Pferd»?, fragte Harald amüsiert.
«Selbstverständlich nicht. Nur die besten Stücke lasse ich mir für ein Festessen reservieren. Nein, ich mache keine Witze. Ich kann Meteor vor Augen nicht mehr sehen. Ich hasse ihn und werde ihn essen. Das brauche ich, jawohl. Danach wird es mir großartig gehen. Warum sollte ich nicht das Schmackhafteste von ihm essen? So ist er wenigstens noch zu etwas zu gebrauchen. Pferdefleisch, habe ich gehört, soll lecker und auch gesund sein.»
«Das habe ich auch gehört, Dieter», sagte ich, jetzt überzeugt, dass er es ernst meinte.
«Natürlich will ich ihn nicht alleine essen, sondern in guter Gesellschaft, ungefähr 20 Leute habe ich eingeplant. Ich würde mich freuen, wenn ihr auch kommt. Ihr seid hiermit herzlich zum Meteoressen eingeladen. Das solltet ihr euch nicht entgehen lassen.»
Harald war sofort Feuer und Flamme.
«Das wird ein sensationelles Festmahl, Dieter, einmalig, wohl

unwiederholbar. Der Gaul gehört dir, du kannst mit ihm machen, was du willst. Er hat dich maßlos enttäuscht und so wirst du ihn auf eine köstliche Weise los, gönnst dabei dir und auch uns einen unvergesslichen Genuss. Danach kannst du die Akte Meteor schließen.»
«Er ist sein Futter nicht mehr wert», sagte Dieter mit verächtlichem Gesichtsausdruck.
«Eine glatte Fehlinvestition. Ich bin überzeugt, er wird viel besser schmecken, als er läuft. Und du weißt wirklich, was du isst. Ein bestens ernährtes, gesundes, schönes, aber zu langsames Rennpferd aus eigener Zucht», meinte ich.
«Das Menü habe ich noch nicht zusammengestellt. Bei Pferdefleisch fühle ich mich ziemlich unsicher. Was meinst du, Jürgen, wie könnte man das, was von Meteor für uns übrigbleiben wird, zubereiten? Du verstehst doch etwas vom Kochen»
«Mit Pferdefleisch kenne ich mich so gut wie gar nicht aus. Vielleicht solltest du die Reste von Meteor erst in eine Rotweinmarinade zwei Tage lang einlegen oder ähnlich wie einen rheinischen Sauerbraten zubereiten.»
Harald sagte zu mir später: «Dieter ist der größte Pferdenarr, den ich kenne. Pferdenarren sind mir auf jeden Fall lieber als Waffennarren. Jeder ist doch irgendwie närrisch. Der eine ist ein Pferdenarr, der andere ein Krematoriumsnarr.»
Ein Spaziergang auf dem Krematoriumsgelände gehört zu meinen lieb gewonnenen Gewohnheiten. Jedes Mal eine gute Stimulanz für mich. Und daran wird sich nichts mehr ändern. Dieselben unvergleichlichen, wohlvertrauten Anblicke auch nach den Modernisierungsmaßnahmen, die unsichtbar bleiben werden. Wie die Verbrennungsöfen funktionieren, erscheint mir heute genauso unwichtig wie früher. Mit den entsprechenden technischen Daten könnte ich nichts anfangen. Wie

lange ein Mensch verbrennt, ob ein dicker länger verascht wird als ein dünner, interessiert mich schon eher, aber ich erhielt darüber keine Auskünfte, weil man mir das nicht beantworten konnte oder wollte, als ich nachfragte. Hierin liegt im Grunde genommen keine weitere Bedeutung für mich. Von entscheidender Wichtigkeit ist nur, dass alles so bleiben wird wie bisher, so, wie ich es auch gestern wieder vorfand, als ich mich längere Zeit dort aufhielt, während die veralteten Krematoriumsöfen gut sichtbar arbeiteten.
Ich werde weiterhin durch den Eingangstorbogen aus Granitwürfeln schlendern, vorbei an einem kleinen Dienstgebäude, das mir wie eine Zollstation aus längst vergangener Zeit vorkommt, werde meinen Blick auf die an dem Gebäude befindliche hölzerne Anschlagtafel werfen, auf der die jeweils anstehenden Einäscherungen namentlich mit der genauen Uhrzeit aufgelistet sind, ich werde mal länger, mal kürzer, je nachdem, wie es mir gerade beliebt, die einzelnen Wege abgehen, vorbei an ausgewachsenen alten Bäumen, darunter schöne Kastanien, Rotbuchen und Birken, die auf unbepflanzten Rasenarealen stehen, welche Grund und Boden für die Erweiterung der Grabanlagen bieten, ich werde vor den Gräbern verweilen, die mir jedes Mal wegen ihrer Größe wie Hundegräber erscheinen, ihre lächerliche Gestaltung bemerken, die Vorliebe für Immergrün und Schnellverblühendes, werde dem Kitsch der Standardgrabsteine und Ausnahmegrabmäler begegnen, deren Pomp bis zum Tempelartigen reicht, mit dem man einen Bürgermeister, Chirurgen, Fabrikanten oder auch Widerstandskämpfer dem Gedächtnis der Nachwelt überliefern will, ich werde weiter vor frisch geschmückten Gräbern stehen und solchen, deren Nutzungsrecht abgelaufen ist oder die wegen Unfallgefahr für die Weiterlebenden zu einem Risiko geworden sind, weswegen Angehörige bitte bei der Fried-

hofsverwaltung vorsprechen sollen, ich werde an grün lackierten Abfallkübeln vorbeigehen, ich werde die gewohnten Geräusche ringsum hören, Friedhofsbedienstete, Angehörige oder auch nur Spaziergänger, wie ich es bin, zu Gesicht bekommen, werde zu meiner Wohnung hochblicken, von der aus zwar nicht so genaue Anblicke möglich sind wie ich sie an Ort und Stelle habe, der Überblick aber besser ist, ich werde mir meine Gedanken machen oder auch nicht, werde an der ausgedehnten, für Ballspiele geeigneten Rasenfläche des Geländes für anonyme Urnenbestattungen vorbeigehen, auf dem ich noch nie einen Maulwurfshügel entdecken konnte und werde abschließend das Kolumbarium besuchen, wohin ein Hinweisschild zeigt, das man knapp über einem anderen, in die Toilettenrichtung zeigenden Holzpfeil angebracht hat, werde auf dem Weg in die Urnenhalle das meistens halb geöffnete, nicht rostfreie schmiedeeiserne Doppeltor durchschreiten, das zwei geflügelte und beschnäbelte Löwen bewachen, werde den immer vernachlässigt aussehenden, mit billigen und langweiligen Gewächsen verunzierten Atriumgarten hinter mir lassen und eintreten ins Kolumbarium, wo Buntglasscheiben das Licht weihevoll dämpfen sollen, das auf Wände voller Aschentöpfe fällt, die nicht durchgehend, sondern in einzelne, den Raum unübersichtlich machende Urnenabteilungen untergliedert sind, die man wiederum in den Urnen angemessene Rundbogennischen eingeteilt hat, wo dicht an dicht, nebeneinander, untereinander und übereinander die Aschenreste angeordnet und ausgestellt sind, die nur in wenigen Gefäßvarianten aufbewahrt werden, wo die Amphorenform aus imitiertem dunklen Marmor überwiegt, etwas höher als ein guter Cocktailshaker, ein Vorzugsmodell, augenscheinlich in der Balance zwischen Preis und Pietät, wo Gestecke aus falschen Blumen vor den amtlich knapp beschrifteten

Aschenbehältern liegen, als natürlichbunt zurechtgemacht, unecht wie künstliche Zähne.
«Gräber müssten eigentlich gläsern sein», sagte Alfred Hüsing zu mir, als ich ihn neulich besuchte.
«Das wäre übertrieben ehrlich», meinte ich, «zu undelikat.»
«Trotzdem. Alles andere bedeutet nur, sich auf Friedhöfen noch etwas vorzumachen. Ich glaube, man könnte sich auch daran gewöhnen.»
«Ich nicht», entgegnete ich.
Alfred lässt immer mehr nach. Er hat nichts dagegenzusetzen. Vielleicht geht ihm der innere Sauerststoff aus. Er wirkt auf mich wie ein schlecht gelüftetes Zimmer. Ich halte es nicht mehr lange bei ihm aus. Wie ich ihm noch helfen könnte, weiß ich nicht. Gleichgültig, was ich ihm vorschlage, er winkt unwillig ab. Er droht zu vereinsamen. Ihm ist auch aufgefallen, dass unsere Besuche seltener und kürzer werden. Etwas Lauerndes bemerkte ich in seinem Blick. Ich vermute, dass er mogelt. Möglich, dass er sich gut damit unterhält, indem er sich gehen lässt.
Ich musste nach meinem Besuch bei ihm an die Zeit denken, als ich mich in meiner Freizeit in Düsternis verkroch, aber als Zahnarzt mit großem Schwung meine Praxis weiterführte. Es war wohl ein Luxusproblem, Ausdruck eines gekränkten Narzissmus. Ein Tiefpunkt, eingebettet in die Annehmlichkeiten eines finanziell üppigen Lebens.
Bei Alfred scheint im Gegensatz zu meinem damaligen Ausflug in die Düsternis der Abgrund drohend nahe zu sein. Eine dumpfe Schwere ergreift von ihm Besitz. Jede Leichtigkeit scheint er verloren zu haben. Von seinem einstigen Temperament ist nichts mehr zu spüren, und sein scharfer Verstand, von dem er sich häufig so gerne selbst mitreißen ließ, scheint jetzt nur noch unter viel Rauch auf. Er würgt sich ab.

Er nennt es Abnutzungserscheinungen. Er fühle sich verbraucht, habe keine Kraft mehr, zu regenerieren. Es komme für ihn nur noch darauf an, irgendwie weiterzumachen. Er habe es sich zu lange zu leicht gemacht, jetzt bekomme er die Quittung dafür. Warum solle er sich dagegen wehren, so etwas lasse sich doch gut als Lebenserfahrung ausschlachten, meinte er und presste die Lippen zusammen. Er werde davon eingeholt, was er früher zurückgedrängt habe, von Ungelöstem fühle er sich unterhöhlt und überhäuft. Aber was könne man schon lösen, welches Problem, auf das es ankomme, dazu sei kein Denken imstande, er habe für sich keine Anhaltspunkte gefunden. Es gebe genaugenommen für niemanden Anhaltspunkte. Das Gehirn sei der größte Murks der Evolution, es gebe nur Gehirnmurks. Womit könne man denn noch ins Reine kommen, etwa mit dem Tod, der für ihn wieder zu einem großen Problem geworden sei, meinte er und machte ein fatalistisches Gesicht.

«Der Tod ist ein schmutziges Geschäft der Natur», ließ ich einfließen.

«Von wem ist das»?, fragte er interessiert.

«Harald sagte es mir.»

Er schien enttäuscht.

«Ich habe ihn lange nicht gesehen. Warst du mit ihm in Amsterdam beim Preis der Dreijährigen?»

«Natürlich.»

«Das dachte ich mir schon.»

«Du hättest mitkommen können. Aber du wolltest ja nicht.»

«Pferderennen langweilen mich nur noch. Alles wird mit der Zeit langweilig.»

«Aber die Oper nicht?»

«Was soll die Frage? Man muss Ausnahmen machen können», antwortete er gereizt.

Er begeistert sich für die Oper wegen ihrer, wie er sagt, vollkommenen Künstlichkeit. Eine gute Oper könne ihm alles ersetzen, ohne Opernmusik würde es ihm noch schwerer fallen, weiterzumachen. Er verstehe sich als eine gescheiterte Existenz, die ihrem eigenen Untergang mit der dazugehörigen Portion Selbstverachtung zusehe. Er wisse, dass er selbst dazu beigetragen habe, er wolle gar nicht klagen, diese Veränderung sei an der Zeit gewesen. Der Leukämietod seiner Schwester habe alles nur verstärkt, nicht verursacht. Eine Bereitschaft zur eigenen Tragödie habe bei ihm schon immer vorgelegen. Früher habe er es nur mit für ihn heute sinnlosen Aktivitäten betäubt. Jetzt habe er nichts mehr, um sich dagegenzustemmen, könne und wolle sich auch nicht mehr ändern. Es sei endgültig entschieden, eine andere Einstellung zu versuchen, wäre nur noch alberne Kosmetik.
Ich sah auf seinen gepflegten Kinnbart, den er sich zugelegt hatte, als sich sein Doppelkinn, das sein Gesicht schon früh rundete, stärker ausbildete, noch schwabbeliger wurde. Seine Fingernägel waren sorgfältig manikürt und seine Krawatte saß fest mit tadellosem Knoten.
Warum knotet er noch eine Krawatte, fragte ich mich, was denkt er sich dabei, wenn er sie umlegt? Er war nicht ohne Geschmack angezogen, Hose und Hemd schienen frisch gebügelt. Auf dem Beistelltisch neben ihm konnte ich wieder das Techniklexikon entdecken, dass er seit Längerem schon für sein tägliches Gehirntraining benutzt. Er lernt daraus Passagen auswendig, um, wie er sagt, einem altersbedingten intellektuellen Abbau vorzubeugen. Wahrscheinlich spielt er sich selbst eine Tragödie vor, die er insgeheim genießt.
«Ich bin froh, wenn ich pensioniert bin. Du weißt ja gar nicht, wie aufreibend es ist, auf seine Pensionierung warten zu müssen.»

«Damit bin ich nicht in Berührung gekommen. Ich zähle zu den Glücklichen, die sich selbst pensionieren konnten.»

«Manchmal beneide ich dich. Du kannst dich treiben lassen, wie du willst. Nur weil ich ein Höchstmaß an Selbstüberwindung aufbringe, halte ich durch. Und das kostet Kraft, und die brauche ich, um weiterzumachen. Ich betrachte es als einen Seiltanz über meinem ganz persönlichen Abgrund, der selbstverständlich auch etwas Verlockendes für mich hat. Was gibt es daran noch zu beschönigen? Ich bin eben eine komplett gescheiterte Existenz. Wie ich mich früher auf das Geistesleben gestürzt habe! Zugegeben, es gab angenehme Phasen, aber von Beginn an waren es schon Vermessungsarbeiten für meinen eigenen Abgrund, wie mir erst später klar geworden ist. Ich habe nichts gefunden, nicht den geringsten Anhaltspunkt», sagte er und machte zu seinen beiden Bücherwänden einige heftige Handbewegungen, als wollte er sie anklagen.

Er ließ mich kaum noch zu Wort kommen, redete viel zu laut, und ich glaube, er hörte sich gerne zu bis zu seinem Finale, in dem er mir schon längst Bekanntes noch einmal wiederholte. Als sei es für mich eine Neuigkeit, dass er damals ein sonniges Gemüt gehabt habe, sein Entschluss, Grundschullehrer zu werden, einer seiner größten Fehler gewesen sei, zu glauben, es sei sinnvoll, sein Geld damit zu verdienen, Kindern das Lesen, Schreiben und Rechnen beizubringen, zu glauben, es würde für ihn noch genügend Freiraum übrigbleiben. Die Schule habe ihn auch fertiggemacht. Kinder seien schon zu allen Gemeinheiten bereit, miese kleine Erwachsene, deren Erbe sie bereits angetreten hätten. Und das Kollegium sei das Nervenaufreibendste, was man sich denken könne, eine abstoßende Zusammenballung von purem Neid und Hass. Ein Grundschullehrer könne nicht verkraften, kein Gymnasiallehrer zu sein. Grundschullehrer hassten alle, die geistig über ihnen stünden, auch ihn hassten sie, er verachte sie. Alle Grundschullehrer seien gescheiterte Existenzen, unfassbar, was in diesen Köpfen vor sich gehe. Sie dürften kein Wahlrecht haben. Wem könne man schon das Wahlrecht geben? Das Wahlrecht müsse neu überdacht werden, aber die Politiker wollten ja nur Stimmvieh. Wenn er daran denke, wie wichtig er früher die Politik genommen habe, werde ihm schlecht. Alles sei politisch, habe er getönt. Jetzt habe er genug von seinen politischen Grillen, um Politik werde er sich nicht mehr kümmern. Eher würde er sich ein Aquarium zulegen und Fische dressieren, das sei genauso sinnlos, aber ein weitaus besserer Zeitvertreib. Alles sei nur Gehirnmurks, im Gehirnmurks verkomme die Welt.

Ich verabschiedete mich von ihm in der Gewissheit, dass wir beide und nichts mehr zu sagen hatten.

Ein kleiner Eingriff, nichts weiter, eine chirurgische Bagatelle, aber doch notwendig, um einen größeren Schaden zu vermeiden.

«Du wirst an einer Bandscheibenoperation am dritten Lendenwirbel nicht vorbeikommen», meinte gestern Axel Geerkens, ein hervorragender Orthopäde, mit dem ich seit meiner Schulzeit befreundet bin.

Er hält es für einen berufsbedingten Verschleiß, der jetzt noch relativ harmlos und deswegen leicht operabel sei. Ich solle es nicht weiter hinauszögern. Beinahe ärgerlich wurde er, als ich ihn fragte, ob nicht Heilbäder helfen könnten.

«So einfach, wie du es gerne hättest, geht es auf keinen Fall. Eine schöne Reise in irgendein sogenanntes Heilbad, sich in parfümiertes Badewasser legen, von Frauenfingern durchgeknetet werden. Das kannst du ja machen, aber an deiner Wirbelsäule wird sich dadurch nichts ändern. Hast du etwa Angst vor einer Operation, die für mich ein Kinderspiel sein wird?»

Er überzeugte mich. Ich vertraue ihm. Ein zutiefst ehrlicher Mensch, der wegen seiner Direktheit manchmal etwas anstrengend ist. Als Facharzt genießt er einen ausgezeichneten Ruf. Knochen, Bänder, Sehnen und Muskeln besitzen für ihn eine überragende Bedeutung. Im menschlichen Bewegungsapparat sieht er eine Meisterleistung der Natur. Er gehört zu den Ärzten, die ihr medizinisches Wissen zu einer fast religiösen Hochschätzung der Natur geführt hat. Als Orthopäde setzt er eine lange Familientradition fort, worauf er stolz ist. Er hängt an seinem Beruf, arbeitet aber wie ein Berserker, vor allem in den letzten Monaten. Eine Überaktivität, deren Antriebsfeder ich nicht kenne. Er sollte kürzertreten, mit seinen Kräften haushalten.
Nur mit Mühe habe ich ihn zu einer gemeinsamen Griechenlandreise mit mir und Sylvia überreden können. Am wohlsten fühlt er sich in seiner Praxis. Ich glaube, er unterschätzt die Tatsache, dass er auf die Sechzig zugeht. Er ist ein eingefleischter Junggeselle, hält nichts von langfristigen Bindungen. Seine Liebschaften dosiert er jetzt zurückhaltender als früher. Sex gehört für ihn mehr zur inneren Hygiene. Nicht nur auf diesem Gebiet denkt er sehr sachlich.
Wie er lebt, gefällt ihm. Er hat keine Angst vor dem Tod. Das Leben, meint er, ist unheilbar am Tod erkrankt, seit der Geburt.
Wir redeten gestern Abend noch über Pfarrer Kneipp, fragten uns, ob er das Opfer seines Berufs oder seines Glaubens geworden ist, was wir nicht entscheiden konnten. Wir vermuteten, dass er nur deswegen kürzer gelebt hatte, weil er sich krebskrank à la Kneipp zu kurieren versucht hatte. Er verabreichte sich allerlei Pflanzliches, goss und goss, ließ sich nicht operieren, blieb so lange ein kneippender Pfarrer Kneipp, bis er gegen den Krebs verlor.

Gestern Mittag lag ich zu lange auf dem Balkon in der Sonne. Ich habe auf meinem Kopf einen Sonnenbrand bekommen. Zum ersten Mal, beim Kämmen spüre ich es am meisten. Mein Haar lichtet sich, meine Kopfhaut wird dadurch stärker den Sonnenstrahlen ausgesetzt. Ich werde mir einen schicken Sommerhut kaufen. Und mir eine neue Frisur zulegen. Ich bin noch eitel genug, um Alterserscheinungen kaschieren zu wollen. Ein modisch kurzer Haarschnitt müsste mir gutstehen. Er lässt mein Haar dann dichter erscheinen und verleiht mir wohl auch eine gewisse sportliche Note. Vor der Tatsache, dass mir langsam die Haare ausgehen, verschließe ich nicht die Augen. Ich sehe das mit der Gelassenheit, die ich mir in den letzten Jahren angeeignet habe. Warum sollte ich auch lamentieren? Früher habe ich mich damit viel zu lange unterhalten. Das würde mich jetzt nur noch langweilen. Und meine bevorstehende Bandscheibenoperation bringt mich auch nicht aus der Balance. Axel wird meine Wirbelsäule bestens verarzten. Alles spricht dafür, dass ich mich weiterhin auf eine sehr erfreuliche Weise zu Tode leben kann. Ich rechne damit, dass mir noch eine relativ lange Frist verbleibt. Doch gleichgültig, wie lange ich noch dauere, ich werde es immer als viel zu kurz empfinden. Vom Leben kann ich nicht genug bekommen. Wenn ich einmal gestorben bin, dann werde ich mir sehr fehlen. Ich lasse mich oft treiben, zelebriere dann ein höheres Nichtstun. Mein Vermögen, das ich mir übertrieben lange erarbeitet habe, leistet mir dabei gute Dienste. Überhitzte Lebensjagden, denen ich früher einmal aus Alterspanik verfallen war, liegen mir jetzt fern. Luxus, wie ihn mir der Reichtum bietet, weiß ich zu schätzen, aber ich brauche ihn nicht mehr. Der Reiz des Außergewöhnlichen lockt mich immer seltener. Warum sollte ich denn noch nach dem Besonderen gieren? Ich habe es jetzt gern bequem, vermeide Anstrengungen. Sogar an

Kleinigkeiten kann ich mich erfreuen, an einfachen Lebensäußerungen wie Atmen, Sehen oder Hören.
Manchmal begeistert mich schon allein die Tatsache, da zu sein. Früher las ich jeden Tag die Todesanzeigen in der Zeitung und sagte mir mit schwarzem Triumph: Aber ich lebe noch! Das habe ich heute nicht mehr nötig. Eine schwungvolle Leichtigkeit begleitet mich wie ein Grundrhythmus durch den Tag. Meinen mehr oder minder anspruchsvollen Müßiggang betrachte ich als endgültig. Deswegen handle ich auch in geistigen Dingen streng nach dem Lustprinzip. Ich bin für schnelle, direkte Zugänge. Auf Verklausuliertes, hinter dem sich möglicherweise nur Gedankendürre oder Verschrobenheit verbirgt, lasse ich mich nicht ein. Dazu habe ich keine Zeit. Oft genügt mir die Vielfalt der Oberfläche.
Ich flaniere gern durch das übersichtliche Kulturleben dieser aufstrebenden, ein wenig an ihrer Provinzialität leidenden Großstadt. Auch Sylvia. Am liebsten geht sie zu Vernissagen. Seit mehreren Monaten sind wir Mitglieder in einem Kunstverein, spenden und kaufen gezielt, erhalten auf diese simple Weise einen gesellschaftlichen Bonus, den wir nutzen. Wir gehören mittlerweile zur tonangebenden Provinzelite, ohne es zu überschätzen, sind aber auch darauf aus, uns im Glanz der gesellschaftlichen Oberfläche zu spiegeln.
Sylvia und ich werden heiraten. Mehr aus steuerlichen Gründen und natürlich auch wegen dieser hirnverbrannten Erbgesetze.
Die eigene Familie kann zum Kriegsschauplatz werden. Ich habe es damals zu spüren bekommen. Warum sollten meine ihre Schlechtigkeit auslebende Ex-Frau und mein feindseliger Sohn noch von meinem Tod profitieren? Das werde ich frühzeitig verhindern. Sylvia soll alles bekommen, was ich besitze. Morgen gehe ich zum Notar.

Sie ist das späte Glück meines Lebens. Sie schenkt mir innere Ruhe, und sie befeuert mich auch. Ihrem Einfluss verdanke ich, dass ich mich noch immer für das Leben jung genug fühle. Unsere Leidenschaft füreinander ist zwar herbstlich gefärbt, wir genießen sie jedoch als eine unvergleichliche Freude. Unsere gemeinsame Zukunft wird wohl lebenslang dauern. Ich hätte nie gedacht, je mit einer Frau so zu harmonieren. Wir werden uns immer ähnlicher. Gut möglich, dass sich in späteren Jahren auch unsere Gesichtszüge und Schriftbilder wie bei manchen alten Ehepaaren einander angleichen. Unsere Bakterienflora in der Mundhöhle müsste bereits übereinstimmen. Eine natürliche Konsequenz, worüber es mehrere Studien gibt. Danach ähneln sich die Bakterienstämme in der Mundhöhle so sehr, dass Wissenschaftler schon bei einem Vergleich der Bakterienbesiedlung die Ehepaare herausfinden können. Von Sylvias Mundflora habe ich nichts zu befürchten. Glücklicherweise. Oft übertragen Paare sich ja gegenseitig die bakteriellen Voraussetzungen für Erkrankungen der Zähne und des Zahnfleischs. Ein einziger Kuss setzt schon eine ganze Völkerwanderung von Mikroorganismen in Bewegung. Sylvia kann ich bedenkenlos küssen. Ihre Zähne und ihr Zahnfleisch sind in einem erstklassigen Zustand. Ihr Lachen bietet mir den zauberhaften Anblick gesunder Schönheit. Zahnärzte haben ihr bisher wohl nur mit wenig Sympathie in den Mund gesehen. Kann man doch als Zahnarzt bei ihr wirklich nichts verdienen.

Unsere Gemeinsamkeiten schließen auch den Bereich ein, der mit dem sogenannten Tod zusammenhängt. Sylvia ist darin keine Novizin mehr. Manchmal verblüfft sie mich sogar mit ihren Ansichten, die sehr analytisch sein können. Der Tod reizt sie, bietet ihr auch Denksportaufgaben, von denen sie sich herausgefordert fühlt. Als ich sie vor wenigen Tagen, um mir das Gegenteil bestätigen zu lassen, fragte, ob sie sich denn nicht doch manchmal langweile, wenn der Tod wieder einmal unser Gesprächsstoff sei, antwortete sie beinahe entrüstet: «Aber wieso das denn? Ist doch zehnmal interessanter als über dröge Börsenkurse zu palavern oder blödsinnigen Firmenklatsch. Ich kann dir sagen, damit ist man mir schon genug auf die Nerven gefallen. Und auch mit diesen wichtigtuerischen Männerstorys. Zum Erbrechen. Stuss. Völlig sinnlos. Ohne Bedeutung fürs Leben. Wirklich, Jürgen, ich höre dir gern über den Tod zu, und ich rede auch selbst gern darüber. Das gehört bei uns einfach dazu. Beinahe wie das Kaffeetrinken. Eine Art lieb gewonnene Gewohnheit. Ich fühle mich dadurch nur umso lebendiger, was du ja auch bei dir selbst bemerkst.»

«In der Tat. Eine vorzügliche Stimulanz. Wirklich befeuernd», bestätigte ich.

Auf ihrer Stirn vertieften sich ihre Falten. Sie schwieg einige Sekunden, schien angestrengt nachzudenken.

«Übrigens, was ich dich noch fragen wollte. Es geht mir heute nicht aus dem Kopf. Jürgen, was passiert eigentlich, wenn eine Schwangere gestorben ist? In einen normalen Sarg passt sie ja wohl nicht. Es müsste dafür Spezialsärge geben. Ob sie genauso begraben oder verbrannt wird wie Frauen ohne Embryo? Oder behandelt man dann die Leiche anders? Im Grunde geht es ja um zwei Leichen. Und dieses ungeborene Leben, hat nicht, wenn man es ganz genau nimmt, ein ungestorbener Tod es vernichtet? Ich glaube, ja. Aber, das muss man sich doch auch fragen, kann denn ein Embryo überhaupt wie ein Mensch sterben? Schließlich ist er ja nie geboren worden. Ziemlich vertrackt, nicht wahr?»

Ein Opfer meines Berufs bin ich nicht geworden. Ich nehme heute an, dass sich meine statistische Lebenserwartung, mit der mich damals jene Berufsanalyse schockierte, wohl auch dann übertroffen hätte, wenn ich noch mehrere Jahre als Zahnarzt weitergearbeitet hätte. Meine bei medizinischen Kontrolluntersuchungen ermittelten Werte sind meistens überdurchschnittlich gut gewesen, auch zu dem Zeitpunkt, als ich mich pensionierte. Wiederum braucht eine überdurchschnittliche Konstitution keine Garantie für eine längere Lebensspanne sein. Es gibt bedenklich viele Beispiele für dieses Missverhältnis, das mir damals einige Sorgen bereitete, mich oft beunruhigte, aber heute von mir nur noch theoretisch berücksichtigt wird und mit jedem weiteren gut verlebten Jahr schneller verraucht.

Ich strengte mich zwar an, um hohe Umsätze mit meiner Praxis zu erzielen und sie zu steigern, aber ich empfand meinen Beruf nicht als Belastung, sondern als den Einsatz, den ich mir selbst für meinen Lebensstandard abverlangte. Ich lernte auch bald, langsamer zu arbeiten, kleinere Pausen während meiner Sprechstunde, Behandlung nach Vereinbarung, einzustreuen, was meine Assistentinnen als Freundlichkeit, meine Patienten als Gründlichkeit auffassten.

Mit all den notwendigen Kniffen, die man braucht, um andere, die einem gleichgültig sind, für sich einzunehmen, gelang es mir, als Zahnarzt beliebt zu sein. Wenn ich im Expertenweiß, mit Mundschutz und Handschuhen und mit modernen Geräten meine Patienten behandelte, fühlte ich mich als Techniker, der sein einträgliches Handwerk mit der angebrachten Sorgfalt ausübte. An den Menschen, den ich vor mir hatte, der mehr oder weniger sich ängstigte und litt, dachte ich bald nicht mehr. Ich war am Objekt, die Reaktionen meiner Patienten ließen mich kalt, jede Teilnahme war verschwunden, die ja für die niedrige Lebenserwartung bei Zahnärzten verantwortlich sein soll. Es gab für mich keine großen emotionalen

Unterschiede zwischen der Behandlung am Patienten und den Kunstköpfen aus Plastik, an denen ich als Student meine zahnärztliche Technik übte und verbesserte.
Frühzeitig hatte sich bei mir das Nachempfinden auf eine vermutlich lebenserhaltende Weise abgeschliffen. Trotzdem musste mich jene Berufsanalyse, dank der ich zu meinem jetzigen Leben gefunden habe, schockieren. Es gab zu viele Unwägbarkeiten. Das schneidende Bewusstsein, schon die längste Zeit meines Lebens hinter mir zu haben, nicht nur in der unmittelbaren Nachbarschaft eines Krematoriums zu wohnen, sondern mich dem eigenen Tod immer schneller zu nähern, beeinflusste am stärksten meine Entscheidung, die richtig war und bleiben wird, zweifellos.
Nach meinem Bruch mit dem Berufsleben gelang es mir nicht auf Anhieb, meinen Zeitgewinn in Lebensfreude umzuwandeln. Ich hatte Abstimmungsschwierigkeiten. Ich musste mich erst umgewöhnen. Das dauerte ungefähr ein Quartal lang. Eine Einübung, die ich noch brauchte, eine letzte Lehre. Jetzt lagert dieser frühere Neuanfang bei meinen anderen Vergangenheitsschichten, die ich je nach Stimmung freilege und mir wie einen Spiegel vorhalte, um zu sehen, was sich bei mir verändert hat, wie ich nicht mehr bin, wovon ich mich gehäutet habe, was mit der Zeit abgesunken ist.
Das Leben ausquetschen, bis kein Tropfen mehr übrig bleibt, schrankenlos sich ausleben, alles auf die Spitze treiben, jeden Tag sich restlos verbrauchen, jetzt will ich es noch einmal wissen. Solche und ähnliche starren Vorsätze, mit denen man sich gegen ein der Vergänglichkeit ausgeliefertes Leben zu rüsten versucht, flößte ich mir in dieser Zeit ein. Ich hatte es nur noch eilig. Ich verfiel in Hast, zur Muße fand ich nicht. Ich würde nicht mehr lange dauern. Ich vermisste Zeit. Kurz ist das Leben, lang der Tod. Von meinem absehbaren Ende alarmiert,

geriet ich in Zeitnot. Meine Interessen blieben die alten und Neuartiges kam nicht hinzu, aber ich trieb mich an wie nie zuvor.
Ich fürchtete das Versäumen. Meine Freizeit füllte ich mit Terminen. Ich spürte einen großen Nachholbedarf. Auch an Frauen. Nur eine dürftige Bilanz schien mir mein bisheriges Geschlechtsleben zu ergeben. Ich hielt mich für verquäkert. Ich machte mich zu einem Spät-Strizzi, war jemand, der sein Alter zu übertünchen versuchte, sich dynamisch gab und viel zu jugendlich anzog, bemüht den Charmeur hervorkehrte, seinen Reichtum mit ins Spiel brachte, Frauen umgarnte, darauf versessen, erotische Versäumnisse aufzuholen. Ich häufte flüchtige Abenteuer, was anstrengend war und meine Unzufriedenheit nicht stillte.
Meine Vorliebe für gutes Essen entartete zu einer Manie fürs Ausgefallene. Ich wurde zwar noch satt, aber es schmeckte mir nicht mehr so gut, gleichgültig, ob ich in einem Feinschmecker-Tempel aß oder selber kochte.
Ich dachte an eine Reise, die jede andere von mir weit übertreffen sollte. Es musste etwas Außergewöhnliches sein, etwas, wovon ich überwältigt sein würde. Ein Vorhaben, das ich nicht zu verwirklichen wusste. Ich hatte die Wahl und konnte mich nicht entscheiden. Nichts Besonderes schien mir gut genug. Ich plante und verwarf. Vielleicht wäre eine Kreuzfahrt das Richtige, in einem Luxusliner über die Weltmeere fahren, ankern vor atemberaubenden Küsten und fernen Hafenstädten. Aber ich scheute die Öde der Ozeane, ohne sie zu kennen.
Ich hetzte mich durch den Tag, der mir zur freien Verfügung stand. Ich hatte keine Zeit mehr. Schnell wollte ich ein ausgefülltes Leben führen. Ich verkrampfte mich dabei, ohne dass es mir auffiel.

Es passierte, dass ich in einem fremden Bett aufwachte, von dort zur Rennbahn eilte, dann auf Gaumenfreuden aus war, unruhig durch die Innenstadt zog, bei einer Antiquitätenauktion auf die Jagd nach dem Besonderen ging, daran Besuche anschloss, zuhause ein auf meiner Leseliste stehendes Buch überflog und abhakte, abends zu meiner musikalischen Weiterbildung in ein Konzert hastete, von wo aus ich in den besseren Etablissements des Nachtlebens meinen Tagesrest bei schalen Genüssen vergeudete.

Ein zuerst überschwänglich verlebter, dann mich nachdenklich stimmender Abend in meiner Wohnung am Krematorium beruhigte mich.

Wir waren zu viert. Champangerbeseelt.

Beate Zander, die mir dem Wesen nach eher fremd, vom Körper her aber vertraut war. Sie kochte mäßig, was sie nicht daran hinderte, sich für eine gute Köchin zu halten. Eine Frau, die gut würzt, ist auch gut im Bett, glaubte sie. Sie würzte zu stark. Wir versuchten eine lässig-moderne Beziehung, billigten uns Freiheiten zu, die wir uns dann bei gegebenem Anlass vorwarfen.

Henning Sievers, Architekt und Halbkünstler, über seine Verhältnisse lebend, meistens blendend gelaunt, ein ehemaliger Schulfreund, mit dem ich jetzt öfter zusammen war.

Marion, seine Frau, stolz und überaus attraktiv, auf ihre Wirkung sehr bedacht, mich nachhaltig beeindruckend, doch mir schien, dass es sie mehr zu Beate hinzog.

Die leeren Flaschen häuften sich und wir steigerten unsere Stimmung in zwanglose Höhen. Wir gingen immer vertrauter miteinander um. Unsere Bemerkungen über das Krematorium beschleunigten alles, feuerten uns an.

«Eines der interessantesten Bauwerke in unserer architektonisch verarmten Stadt. Die Aschenfabrik sollte abends wie alle

besonderen Gebäude angestrahlt werden», schlug Henning vor und hob sein Glas in die Richtung des Krematoriums. «Ich werde das beim Bauamt beantragen.»
«Großartige Idee, Henning», stimmte ich ihm begeistert zu. Er war mir jetzt so sympathisch wie noch nie zuvor. «Und man sollte Ansichtspostkarten vom Krematorium drucken.»
«Die man dann als Neujahrsgruß verschicken kann», fügte Beate hinzu und setzte sich kichernd auf meinen Schoß. «Memento mori», bemerkte Marion und spielte mit ihrer Zunge im Hals einer noch gut gefüllten Champagnerflasche. Sie verhielt sich immer aufreizender, was Henning zu begrüßen schien. Ihr Rock war weit nach oben gerutscht. Von ihren Beinen konnte ich nicht genug zu sehen bekommen. «Man muss die Feste feiern, wie sie fallen», sagte sie zu mir und leckte sich die Lippen.
«Das Memento mori bei den Ägyptern war ein menschliches Skelett, das auf dem Höhepunkt von ausschweifenden Festen hereingetragen wurde», äußerte ich spürbar erregt und auch leicht verwirrt.
«Auf so einem Fest wäre ich gerne einmal dabei gewesen», sagte Beate.
«Wir leben alle nur einmal, zum Glück», stellte Henning fröhlich fest, seine Hand auf Beates Oberschenkel legend, die ihre Augen schloss.
«Und danach müssen wir auch handeln», folgerte Marion mit beschwingter Stimme. «Wahrlich, wahrlich, ich sage euch, es gibt nichts Besseres als Sex. Sex ist das Paradies auf Erden. Oh, ich halte es einfach nicht mehr aus. Schon den ganzen Abend kann ich an nichts anderes denken. Ich will jetzt auf der Stelle bedient werden, erst von dir, Jürgen. Komm», lockte sie mich, stand auf und zog sich mit wiegenden Bewegungen vor mir aus.

Wir bildeten ein Quartett der Begierde, in dem ich überwältigt mitspielte, unbekannte Varianten erprobend, von Lust getrieben bis zum physiologischen Rien-ne-va-plus.
Am nächsten Morgen beunruhigten mich medizinische Erwägungen. Es hatte auch eine Völkerwanderung von Mikroorganismen stattgefunden. Alles ohne Infektionsprophylaxe. Eine Erregung samt Erregern. Welche waren wohl mit im Spiel gewesen?
Am Telefon schwächte Henning Sievers meine Bedenken ab. «Unsere Aktivitäten halten sich diesbezüglich in Grenzen, in sehr überschaubaren, Jürgen», antwortete er mir. «Hast du etwa einen Sexkater? Entweder brennen oder modern, deine Worte. Es war doch ein herrlicher Abend. Marion und ich haben uns prächtig amüsiert. Dir und Beate müsste es doch genauso gut gefallen haben wie uns. Was ist denn schon dabei?», fragte er mich, wartete keine Antwort ab und redete weiter, als wäre überhaupt nichts geschehen.
Es wurde ein nachdenklicher Tag für mich. Hatte ich nicht das Gegenteil vom Beabsichtigten erreicht? Ich machte mir Vorhaltungen. Zu viel hatte ich mir zugemutet und dabei meine Grenzen überschritten. Nicht nur gestern. Schon die ganze letzte Zeit. Ich hatte mich verstellt. Das war ich nicht. Dieser hastige Lebensverzehr musste aufhören.
Vermutlich hatte ich gar keine andere Wahl gehabt. Mein Nachholbedarf war zu groß gewesen. Hatte ich doch befürchtet, in meinem Leben zu viel versäumt zu haben. Mit allen Mitteln wollte ich vermeiden, noch mehr zu versäumen. Dabei übertrieb ich. Wäre ich zehn Jahre jünger gewesen, hätte ich meine Jagd nach Genüssen bestimmt länger fortgesetzt und mehr davon gehabt.
Aber ich hatte die Fünfzig schon längst überschritten, woran ich von meinem Körper mehrmals unmissverständlich erin-

nert worden war. Ich sagte mir, dass meine hektische Betriebsamkeit aufhören musste. Was hatte ich denn davon gehabt? Wenig, erstaunlich wenig.

Was konnten mir sexuelle Eskapaden denn noch geben? Durchzechte Nächte? Großkotzige Feiern? Oder zu hohe Wetteinsätze bei Pferderennen? Und geradezu lächerlich kam ich mir vor, wenn ich daran dachte, dass ich vor kurzem doch tatsächlich noch geplant hatte, auf teure und gut organisierte Abenteuerreisen zu gehen. Auf Safari in Afrika und im Wohnmobil durch Kanada? Nichts für mich. Ich fühle mich in den gemäßigten Breiten wohler, auch in den geistigen, neige sowieso zur Bequemlichkeit. Das wurde mir damals wieder bewusst. Ich spürte deutlich, wie überreizt ich war. Ich hatte mich im Kreis gedreht, hektisch und alles andere als zufriedenstellend. Ich nahm mir vor, von nun an mich langsamer auszuleben.

Eine andere Lehre war aus den vergangenen Monaten nicht zu ziehen. Tiefreichende Veränderungen würde es für mich nicht geben. Ich brauchte keinen Neubeginn. Nur diese Übertreibungen musste ich streichen.

Ich konnte mir keine passendere Lebensform vorstellen als eine, die mich mit einer gewissen Abgeklärtheit die letzten Jahre meines Lebens genießen lässt. Es wäre vermessen, jetzt noch das Leben lernen zu wollen. Wenn ich mein Leben noch einüben müsste, was hätte ich denn davon, wenn ich es könnte? Dann wäre es sowieso zu spät. Ich würde nicht zu denen gehören, die zeitlebens sich um das richtige Leben bemühen, es unbedingt meistern wollen und dann, wenn sie glauben, dass sie es nach langem Üben endlich können, auch schon fast tot sind.

Man prophezeite mir, hier verrückt zu werden. Jemand erdreistete sich sogar, zu behaupten, ich sei es bereits. Auch gab

es Leute, die davon überzeugt waren, dass der Wahnsinn bei ihnen bald einzöge, wenn sie wie ich in der Nachbarschaft eines Krematoriums wohnen würden.
Eine Frau warf mir vor, dass uns das Krematorium auseinander gebracht hätte. Ein alter Bekannter weigerte sich, seinen Fuß noch einmal über die Schwelle meiner Wohnung zu setzen, weil er sich nicht mit dem Tod martern wollte. Jemand erregte sich während eines Gesprächs über das Krematorium derart, dass er mich wütend als pervers beschimpfte und jeden Kontakt abbrach.
Ich habe es mir hier angewöhnt, Menschen auch danach einzuschätzen, wie sie auf das Krematorium reagieren, wie sie zum Tod stehen. Wenn ich ihnen so auf den Zahn fühle, erhalte ich über sie Aufschlüsse, auf die ich nicht verzichten möchte. Manchmal kommt es mir so vor, als hätte ich einen Nerv getroffen. Irrtümer sind wohl nicht auszuschließen. Das nehme ich gern in Kauf. Ich brauche nur zu bedenken, wonach Menschen sonst beurteilt werden, dass unter anderem politische Meinungen, sogar die Parteizugehörigkeit oder auch das Auftreten entscheidend sein kann.
Am Krematorium bin ich jemand geworden, der den Tod nicht aus seinem Bewusstsein filtert, sondern gelernt hat, mit ihm auf eine bekömmliche Weise umzugehen. Das Krematorium ist für mich ein bereits alltägliches Memento mori geworden. Es lähmt mich nicht, sondern lässt mich meine eigene Lebendigkeit tiefer erfahren. Ein Mittel zum Zweck. Woanders wäre ich wohl nie zu dieser Lebensfreude gelangt, dank der ich jetzt einiges von dem zurückgewinne, was ich früher versäumt habe. Seitdem ich begriffen habe, dass es den Tod gar nicht gibt, sondern nur Totes, ist der Tod für mich zu einer Wortbequemlichkeit geworden. Ich benutze sie mit einem gewissen Behagen weiter. Sonst könnte ich über den ganzen

Sachverhalt nicht mehr nachdenken. Der Tod bleibt dadurch eine reizvolle Unterhaltung für mich. Wiederholungen gehören dazu, sie bestätigen mich. Ich lebe, also kann ich über den Tod nachdenken. Das Gegenteil ist leider ausgeschlossen. Ich würde etwas darum geben, wenn ich diese Erfahrung machen könnte. Ich meine, man kann sich geistig nur verheddern, wenn man Gedankenspielereien mit dem sogenannten Tod zu ernst nimmt, dabei vergisst, dass der Tod bloß als Wort existiert. Von Reflexionen über den Tod erwarte ich keine sinnvollen Ergebnisse mehr.

Trotzdem: Man sagt, dass der Tod die Garantie für das Leben ist, dessen dauernden Neubeginn erst erzeugt, dass ohne ihn das Leben nicht auskommt. Dieser Sachverhalt lässt sich, wenn man ihn weiter ausspinnen will, auch umkehren. Dann ist das Leben Quelle allen Todes. Unaufhörlich gebiert das Leben den Tod. Je mehr Leben, desto mehr Tod. Ohne Leben kein Tod. Und so weiter. Wenn das Leben endet, beginnt, so behauptet man, der Tod. Wo ein Beginn ist, da muss auch ein Ende sein, sonst gäbe es keinen Beginn. Aber kann denn der Tod überhaupt beginnen, legt er eine Zeitstrecke zurück, vollzieht sich eine Entwicklung der Tod-Zeit? Der Tod kann nicht enden. Wie könnte auch der Tod sterben? Einen gestorbenen Tod gibt es genauso wenig wie einen erzeugten Tod. Also kann der Tod weder beginnen noch enden.

Über einen interessanten und auch erheiternden Rechtsfall, bei dem es um den ungesetzlichen Umgang mit Menschenasche ging, berichtete neulich die Deutsche Presseagentur. Dass man sich wegen nicht alltäglicher Bestattungsriten an Gesetzestexten die Zähne ausbeißen kann, hätte ich nicht gedacht. Ich habe mir den Artikel ausgeschnitten. Gerade erst habe ich ihn wieder durchgelesen. Ein 43jähriger Chemiker ist vom Landgericht Augsburg wegen grober Störung der Totenruhe zu einer Geldstrafe von 2300 Euro verurteilt worden. Damit endete ein verbissener Aschenrechtsstreit, der sich über zwei Generationen hingezogen hatte. Denn der Vater des Verurteilten hatte bereits in einem über 8 Jahre dauernden Verwaltungsstreit für die freie Bestattungswahl plädiert, darauf bestanden, dass seine Asche ihm gehöre und hartnäckig gegen den Friedhofszwang gekämpft, jedoch vor Gericht kein Recht auf sein Eigentum bekommen. Seinem Sohn wiederum ist später in einem Revisionsverfahren der Prozess gemacht worden, nachdem er in erster Instanz freigesprochen worden war. Die kleinkarierten Richter verurteilten ihn zu der 2300-Euro-Strafe, weil er sich ganz bewusst eines Vergehens schuldig gemacht habe. Heimlich hatte der Sohn im September vorigen Jahres auf dem Augsburger Friedhof die Urne seines Vaters ausgegraben und die Asche gemäß den testamentarischen Verfügungen auf dessen Grundstück auf einem Rosenbeet verstreut. Warum auch nicht. Ich hätte vielleicht auch so gehandelt. Was für ein Mensch ist dieser Chemiker? Seine Aschen-Tat macht ihn mir sympathisch. Ich würde ihn gern kennenlernen.

Ein Fernglas für Beobachtungen in der Nachbarschaft des Krematoriums benutzte ich nur kurze Zeit. Es verlor schnell seinen anfänglichen Reiz. Ich sah zu viel. Belangloses drängte sich in den Vordergrund, Details, auf die ich verzichten konnte. Und ich fühlte mich immer mehr als Voyeur, ohne einer sein zu wollen. Vom Privatleben mir völlig fremder Menschen, die mich nur am Rande interessierten, bekam ich viel zu viel mit. Es störte mich dann auch, ein Fernglas als Hilfsmittel vor meinen Augen zu haben. Der unmittelbare Eindruck ging mir dabei verloren. Als hätte sich das Fernglas zwischen mir und dieser mich immer wieder von Neuem stimulierenden Wohngegend geschoben. Ein Fremdkörper. Ich legte es weg. Meine eigene Sehkraft genügt mir. Medizinisch

gesehen, kann ich mich auf meine Augen verlassen. Sie sind noch immer gesund.
Alles wirkt normal. Als würde es sich hier um eine ganz gewöhnliche Wohngegend handeln. Läden wie überall sind eingegliedert, es gibt auch eine Post, eine reklamebepflasterte Litfaßsäule, und ein Friseur macht hier ebenso seine Geschäfte wie ein Leichenspezialist, der eine Bestattungsreglung schon zu Lebzeiten vorschlägt und mehrere Varianten von letzter Ruhe anbietet. Jemand, der den sogenannten Tod braucht, von ihm lebt. Seine Geschäfte müssten gut gehen. Der Tod hat immer Konjunktur.
Ob jemand hier wegen des Krematoriums im Wahnsinn Zuflucht suchte, weiß ich nicht. Aber es ist nicht weit hergeholt, wenn ich vermute, dass man hier den entscheidenden Schub bekommen kann. Das Krematorium als Brennpunkt könnte dann allerlei bewirken.
Leicht vorstellbar sind Brandstiftungen aus plötzlich überschäumender Verrücktheit. Sie könnten sogar mit dem eigenen Feuertod enden, weil der Betreffende, vielleicht ein pensionierter Feuerwehrhauptmann, der Faszination lodernder Flammen erliegt. Möglich auch, dass jemand seine Wohnung anzündet, weil er seine Einrichtung auf eine ihm immer unerträglichere Weise hasst, und es ihm das Einfachste zu sein scheint, sie sofort zu verbrennen, wozu er sich vom Krematorium animiert fühlt. Vielleicht verlässt er dann seine brennende Wohnung mit irrem Hochgefühl, schließt noch von außen die Wohnungstür ab und geht langsam die Treppe hinunter, laut pfeifend.
Wer das Krematorium nicht erträgt, müsste, wenn man es ganz genau nimmt, auch von einer Uhr überfordert sein. Ein Indiz für die Vergänglichkeit. Redensarten, die auf das Zeitmaß der Uhr zurückgehen, kündigen den Tod an.

Jede Sekunde verwundet, die letzte tötet, las ich einmal auf der Deckelinnenseite einer alten österreichischen Taschenuhr. Zuerst wollte ich sie kaufen. Dann aber ließ ich es. Dieser fein ziselierte Sinnspruch war mir doch zu abgeschmackt; Todeskitsch.
Auch Hochbetagte leben am Krematorium. Anscheinend macht ihnen das nichts aus. Wie es scheint, haben sie sich schon aufgegeben. Mit einem kleinen Rest Lebendigkeit schleppen sie sich durch den Tag. Sie schlafen viel, davon zeugen ihre Schlafzimmer-Rolläden. Im Sommer sehe ich sie auf ihren Balkonen duseln. Ich frage mich, wie sie morgens aufwachen. Sind sie dann überrascht, erfreut oder enttäuscht, dass sie noch leben?
Hier könnte jemand wohnen, ein Ingenieur oder Stadtverordneter, der darüber nachsinnt, ob die Abwärme des Krematoriums als Energiequelle genutzt werden kann. Jemand, der sich eher ein neues Auto als eine neue Zahnbürste kauft. Vielleicht sogar ein Katholik, für den es selbstverständlich ist, dass sein Kind am Aschermittwoch mit einem Aschenkreuz auf der Stirn nach Hause kommt.
Ich kenne die Leute, die hier wohnen, nur vom Sehen. Es gibt für mich keinen Grund, nur deswegen mit jemandem bekannt zu sein, weil er wie ich am Krematorium lebt.
Die Balkone unterscheiden sich nicht von denen, die man in anderen Wohngegenden sieht. Die üblichen Pflanzen, Blumen, Markisen, Sonnenschirme, Stühle, Liegen, und der weitverbreitete Balkonkitsch wie Schiffslampen, Hirschgeweihe und Wagenräder fehlt auch nicht. Außergewöhnliches spielt sich auf den Balkonen nicht ab. Man isst, trinkt, redet, lacht, streitet, schläft, liest, spielt, vertrödelt Zeit.
Ich bin zu jeder Jahreszeit gern auf meinem Balkon. Auch wegen des mit viel gärtnerischem Geschick angelegten Innen-

hofs, der eine gut dosierte Naturnähe besitzt. Ein ganz besonderes Schauspiel bietet sich mir im Winter. Wenn die Temperaturen unter den Gefrierpunkt gesunken sind, stehe ich oft auf meinem Balkon, atme kräftig ein und aus, betrachte meine Atemfahne und den rauchenden Schornstein und lasse diese Gleichzeitigkeit auf mich einwirken. Ich fühle mich dann voller Elan.

«Gefällt er dir, Jürgen? Es war gar nicht einfach, einen dunkelblauen Rock zu finden, der so geschnitten ist», sagte Sylvia, als sie heute aus der Stadt zurückkam.

«Dein neuer Rock gefällt mir, sehr elegant, Sylvia. Er sitzt wie angegossen.»

«Ein bisschen knapp», meinte sie und drehte sich dabei. «Aber das ist kaum der Rede wert. Ich will ja abnehmen.»

«Aber nicht zu viel.»

«Ein paar Pfund müssen schon runter. Du kochst zu gut. Was gibt es denn heute?»

«Zuerst eine Lauchcremesuppe, danach Lammragout mit provenzalischen Tomaten und als Nachspeise einen Obstsalat.»

«Das hört sich köstlich an. Auf die Lauchcremesuppe freue ich mich ganz besonders, Jürgen. Das Essen wird wohl auch eine kleine Kalorienbombe für mich sein.»

«Ich schätze nicht, Sylvia. Deine gesamte Kalorienmenge von heute habe ich einmal überschlagen. Sie müsste mit dem Essen noch im Grenzbereich liegen. Zu wenig, um zuzunehmen und zu viel, um abzunehmen», sagte ich.

«Also die goldene Mitte. Lieb von dir, Jürgen, dass du schon jetzt auf meine Kalorien achtest. Ich kann mich so schlecht beherrschen, genieße es einfach, mit dir zu schlemmen. Aber ich muss aufpassen, komme ja auf meine Mutter. Was meinst du, soll ich noch in diesem Monat mit einer Schlankheitsdiät anfangen?»

«Du kannst es ja erst einmal probieren. Die meisten haben große Mühe, ihre Ernährungsgewohnheiten umzustellen und einen Diätplan einzuhalten.»
«Ich glaube, es muss sein. Ich bewege mich auch zu wenig. Heute werde ich mich wieder auf dein Heimfahrrad setzen, mindestens 10 Kilometer will ich schaffen.»
«Wieder eine Radtour mit Musikbegleitung?»
«Ja, so komme ich besser in Schwung und ohne Musik wäre es mir bald zu langweilig. Irgendwie ist das doch lächerlich, Jürgen. Da trete ich viele Kilometer in die Pedalen, strenge mich an und komme überhaupt nicht von der Stelle.»
«Ich habe mich daran gewöhnt.»
Ihr Gesicht wurde auf einmal ernst. Wie immer, wenn Unangenehmes sie berührt, zog sie die Unterlippe etwas nach oben, wobei sich ihr Kinn abflachte. Sie setzte sich auf die Sofalehne.
«Was hast du Sylvia?»
«Ach, ich musste nur daran denken, dass du dich schon im November an der Bandscheibe operieren lassen willst. Deswegen fährst du in letzter Zeit länger als sonst auf dem Heimfahrrad. Zur Vorbereitung, oder?», fragte sie.
«Ja, um meinen Kreislauf zu trainieren», antwortete ich.
«Du redest zwar anders darüber, aber ich glaube dir einfach nicht, wenn du behauptest, dass für dich die Operation nichts anderes als ein Klacks ist. Warum bereitest du dich denn so intensiv darauf vor, obwohl du es angeblich gar nicht nötig hast? Deinen Kreislauf möchte ich haben.»
«Sicher ist sicher.»
«Du hast Angst vor der Narkose, stimmt's?»
«Ja, Sylvia», gab ich zu.
«Ich auch. Komplikationen kann es immer geben, Jürgen.»
«Ein stabiler Kreislauf verringert das Risiko beträchtlich.»
«Im Büro habe ich mich gestern gefragt, was die Narkose ist,

wenn bereits der Schlaf der Bruder des Todes genannt wird», sagte sie mit besorgtem Gesichtsausdruck.
«Vielleicht seine große Schwester», scherzte ich, um sie auf andere Gedanken zu bringen.
Ein Schmunzeln entspannte ihre Züge. Sie fuhr sich mit der Hand durch das frisch frisierte Haar und sagte nach einem kurzen Schweigen:
«Weißt du, Jürgen, wir sollten daraus kein Problem machen und uns lieber nach Axels fachmännischer Meinung richten. Er sagte doch, dass es für ihn nur eine einfache Routineoperation sei. Und Axel muss es ja wissen.»
«Er ist ein hervorragender Orthopäde. Zu ihm habe ich großes Vertrauen.»
«Ich auch. Weil ihr miteinander befreundet seid, wird er gewiss sein Bestes geben. Wie viele Stunden arbeitet er eigentlich pro Woche? Am vergangenen Samstag wirkte er ziemlich abgespannt. Das ist auch Harald aufgefallen.»
«Axel kommt auf durchschnittlich 60 Stunden. Er arbeitet zu viel.»
«Schade, dass aus unserer gemeinsamen Griechenlandreise doch nichts wird. Warum arbeitet Axel weiter wie ein Berserker, obwohl er sich schon seit Längerem vorgenommen hat, kürzer zu treten? Ich verstehe ihn nicht. Er lässt sich zu viel entgehen. So jung ist er schließlich nicht mehr.»
«Das habe ich ihm auch gestern wieder gesagt.»
«Seine Zeit wird langsam knapp.»
«Leider.»
«Unsere zwar auch, aber wir handeln danach. Was wir allein in diesem Jahr noch alles vor uns haben, Jürgen.»
«Ja, Sylvia, vieles liegt noch vor uns.»
«Wenn ich am nächsten Samstag bei dir einziehe», sagte sie, «beginnt für uns hier ein ganz neuer Lebensabschnitt. Wie gut

es uns dann gehen wird! So gut wie nie zuvor. Das weiß ich schon jetzt.»
Aufseufzend ließ sie sich ins Sofa sinken, strahlte mich an und streckte beide Arme nach mir aus.

C.i.

Während er die Lage seines Körpers verändert, ihn pressatmend von der Seite auf den Rücken dreht und sie sich bei seiner Vierteldrehung eng an ihn geschmiegt mitbewegt, spürt er, wie ein Unbehagen sich in seine Lust mischt, das ihn schon beim letzten Mal gestört hat, aber schnell wieder verschwand, als er es mit forciertem Sex unterdrückte.

Auch heute will er diesem plötzlichen Unbehagen nicht nachgeben, zu groß ist noch seine Lust, zu stark reizt ihn noch diese nackte Frau, die jetzt mit halbgeschlossenen Augen ihren Oberkörper aufrichtet, dann ihren Kopf zurückwirft, ihre Arme auf ihn legt und ihn mit köstlichem Einfühlungsvermögen zügig reitet. Um nicht ins Negative abzugleiten, diese lauernden Gedanken, die er kennt, und vor denen er zurückweicht, zu verjagen, will er sein Bewusstsein auslöschen, sich verlieren, diesen Akt dadurch schützen. Nur noch ungehemmtes Gefühl will er sein, Ekstase, er will mehr von dieser Lust, will mit dieser Frau ganz im Sex aufgehen, greift mit beiden Händen ihre Pobacken, ermuntert sie schiebend zu schnelleren Beckenbewegungen, was sie auch willig ausführt, vor und zurück, vor und zurück, mit hüpfenden, sich beinahe schlagenden Brüsten, aufgelöstem Haar, von gedämpftem Licht reizvoll ausgeleuchtet, schweißglänzend, luststöhnend.

Er schließt die Augen, ihr hingegeben, nur noch Gefühl, er spürt sie, als gehörte sie zu ihm, massiert wild mit seinen Händen ihren Körper, um sie anzufeuern, so weiterzumachen, nur

immer weiter so, und sie beschleunigt, galoppiert hechelnd auf ihm, herrlich, er würde es am liebsten endlos genießen, trunken treibt er in sexerfüllter Dunkelheit.
Irritiert öffnet er seine Augen, sieht fragend zu ihr hoch. Ihr scharfer Galopp ist zu einem langsamen Traben geworden, als wollte sie ihren Ritt rhythmisch ausklingen lassen. Ihr Gesichtsausdruck wirkt jetzt eher sachlich als sinnlich. Ihr gesenkter Blick scheint ihn zu taxieren. Sie lächelt knapp und löst sich von ihm, ohne ein Wort zu sagen, mit einer überraschend schnellen Drehung.
Er hat das Gefühl, als hätte sie ihm gerade den Laufpass gegeben. Sie sitzt fast einen Meter von ihm entfernt, hat ihr linkes Bein eng an ihren Körper gezogen, beide Arme um das Bein geschlungen, ihren Kopf abgewinkelt und sieht ihn irgendwie spöttisch von der Seite an. Er möchte ihr etwas sagen, findet keine Worte, fragt sich beklommen, ob er etwas falsch gemacht hat.
«Das war schon ganz gut. Aber jetzt hätte ich es gerne anders. Komm, mach's mir von hinten», sagt sie mit einem werbenden Tonfall, den er als sehr angenehm empfindet.
Erleichtert richtet er sich auf. Er umfasst mit seiner rechten Hand ihren Unterarm.
«Na gut. Ich dachte schon», sagt er charmant lächelnd, «dir hätte es nicht gefallen. Du -»
«Dochdoch», unterbricht sie ihn und streichelt mit ihrem Handrücken mehrmals seine Wange. «Ich bin schon auf 80 gewesen. Aber jetzt möchte ich gern, dass du's mir von hinten machst. Und dabei will ich auf 100 kommen. Mindestens», sagt sie, lächelt und nickt mehrmals bekräftigend mit ihrem Kopf.
Sie scheint im Gegensatz zu ihm noch immer in bester Sexlaune zu sein. Sie nimmt sein zur Seite gekipptes Glied in die

Hand, steift es gekonnt, dann dreht sie sich um und bietet ihm ihr rustikales Hinterteil.
Er kniet sich hinter sie, fasst mit kurzem Befremden sein kondomversiegeltes Glied und führt es in ihre nasse Scheide ein. Wenig begeistert macht er einige Stoßbewegungen. Er fühlt sich nicht ganz auf der Höhe, merkt aber dann, wie er sich stabilisiert. Er bekommt wieder Lust. Er will diesen Körper vor ihm, der auch den Reiz des Neuen bietet, genießen, ihn weiter erfühlen, mehr darüber erfahren, wie diese ihm noch fremde Frau liebt. Sie hat ihre Ellbogen aufs Bett gestützt, ihren Kopf nach hinten gedreht und sieht ihn mit geöffnetem Mund an. Ihren Gesichtsausdruck liest er als Aufforderung, so weiterzumachen, ihr alles zu geben, was er geben kann. Er lässt seine Hände von ihren Brüsten zu ihrer Hüfte gleiten, hält sie mit festem Griff, während er sie zielstrebig weiterbedient. Er wechselt zwischen Wildheit, Verzögern und Locken ab, glaubt, richtig zu dosieren, fühlt sich auf sicherem Befriedigungskurs.
Sie hält den Kopf gesenkt, bewegt ihn manchmal schüttelnd hin und her, als würde sie verneinen, was sie gerade genießt, überlässt ihren mitschwingenden Körper weiter ihm, ohne selbst zu variieren, ohne etwas zu sagen, nur ein gedämpft klingendes Stöhnen gibt sie von sich.
Sein Blick wandert über ihren abgesenkten Körper, den er weiter an der Hüfte festhält, bis zu ihrem Nacken, wo ihm die stark hervortretenden Wirbelknochen missfallen. Er wendet seinen Blick ab, sieht über sie hinweg zu ihrem mit schweren Seidenvorhängen dekorierten Schlafzimmerfenster, die für ihn wieder wie Bühnenvorhänge aussehen. Er ist froh, dass er ihr Gesicht ebenso wenig sieht wie sie seins. Er fühlt sich unbeobachtet, von taxierenden Blicken und heuchlerischer Liebesmimik befreit. Er schließt seine Augen, öffnet sie aber bald

wieder. Er versucht, seine Lust, die jetzt in ihm höhere Wellen schlägt, einzudämmen, will sich von ihr nicht überfluten lassen, will es so lange hinauszögern, bis sie auch kommt. Davon scheint sie noch ziemlich weit entfernt zu sein, auch wenn sie lauter stöhnt und heftiger ihren Kopf wirft. Er glaubt ihr nicht, nimmt an, dass sie übertreibt. Sie macht es ihm zu echt. Sie will ihn wohl so zu noch mehr Leistung anfeuern. Um ihr als Liebhaber zu imponieren, sie dadurch fester an sich zu binden, zieht er alle Register, die ihm zur Verfügung stehen. Er merkt, dass er gut in Form ist.

Für eine bessere Sexkontrolle versucht er, einen geistigen Abstand zu seinen Lustgefühlen zu bekommen. Er denkt kurz daran, dass manche Männer sich beim Sex die Börsenkurse aufsagen, andere Telefonnummern, Geburtstage oder Gedichte, alles Mögliche und Unmögliche sich durch den Kopf gehen lassen, um sich besser zu beherrschen, dadurch den Lustgewinn für die Frau zu erhöhen. Er beginnt, sich an das Fernsehprogramm von gestern Abend zu erinnern, ein bewährtes Ablenkungsverfahren von ihm, lässt es aber bald, weil er sich von einer anderen Strategie mehr verspricht. Er verlangsamt seine Bewegungen, dann beschleunigt er kurz und vermindert erneut sein Tempo. Das wiederholt er mehrmals, was ihr anscheinend besonders gut gefällt.

Jetzt stoppt er seine Stoßbewegungen, zieht sein Glied bis zur Hälfte heraus, um sie ein wenig zu provozieren und sich selbst dabei gleichzeitig zu dämpfen. Er wirft einen kurzen Blick auf sein kondomverpacktes Glied, wartet einige Sekunden, während sie auffordernd mit ihrem Hinterteil wackelt, lässt es dann aufreizend langsam wieder ganz in sie eindringen und hört sie zufrieden seufzen. Er stößt sie in einem gleichmäßigen Rhythmus, weniger erregt als zuvor. Er fühlt sich irgendwie abgekühlt, nicht mehr ganz bei der Sache. Mit bemühter Wildheit versucht er, das zu überspielen. Sie antwortet darauf, als wäre sie gerade ins Sexparadies gekommen. Er betrachtet sie ohne Sympathie. Sie ist für ihn noch eine Fremde. Zwar gefällt ihm der Sex mit ihr, aber etwas Unterschwelliges scheint seinen Genuss zu vermindern. Einige Stöße später muss er an sein kondomiertes Glied denken, das in ihr jetzt Lustgefühle erzeugt. Ein Schutz für sie beide, ohne den sie es nicht machen würden. Latex-Sex, denkt er und spürt sofort, wie sich dieses Unbehagen wieder einschleicht.

Er kommt aus dem Rhythmus, fühlt sich innerlich verkrampfen, wird hektischer, was ihr sogar zu gefallen scheint. Er ist froh, ihr jetzt nicht in die Augen sehen zu müssen. Sexuell würde er dann wohl ins Stolpern kommen. Dieses neuerliche Unbehagen kann er nicht auflösen, es bleibt, und es wird stärker. Geistig wehrt er sich kaum noch dagegen, er weiß nicht, warum es ihn überfallen hat. Nur mit seinen Bewegungen kann er Widerstand leisten. Aber immer deutlicher drängen sich sexzersetzende Gedanken in sein Bewusstsein. Als wäre es eine Infektion.

Nein, denkt er, macht aber trotzdem weiter. Noch ist der Reiz zu stark, der Genuss zu verlockend, noch überwiegt die Lust. Er kommt sich wie ein Automat vor, der weiter abläuft, obwohl es bereits sinnlos geworden ist. Er wundert sich kurz darüber, dass er mit seinem Körper noch immer bejahen kann, was er geistig seit einigen Tagen mehr und mehr verneint. Eine ihm jetzt schal erscheinende Gymnastik, zwar noch reizvoll, aber schon töricht. Die Befriedigung dieser sextrunkenen Frau ist ihm wichtiger als seine eigene. Er fühlt sich verpflichtet, ihr weiter zu geben, was sie braucht. Es wird für ihn zu einer Vereinigung mit einem sich zusehends vergrößernden seelischen Abstand. Was er weiß, schwingt jetzt noch stärker mit, flacht seine Erregungskurve ab.

Er fragt sich, wie denn überhaupt der Sex bei ihm weiter thronen kann, wenn er seine Augen nicht vor der Wirklichkeit verschließt. Wie Indizien erscheinen ihm die Tatsachen, die seine Gedanken in eine immer negativere Richtung drängen. Er versucht, diesen Akt zu retten, indem er sich körperlich abmüht wie selten zuvor. Er will diese in Knie-Ellbogen-Stellung vor ihm gekauerte, sexbegeisterte Frau jetzt nicht enttäuschen. Noch hält seine Lust stand. Aber er merkt, dass sie auf der Kippe steht. Er kann es nicht mehr ändern. Es wird ihm gleichgültig. Noch verspürt er Lust, noch genießt er diese Frau, aber schon folgt er seinem inneren Protokoll, das ihm schlaglichtartig wiederholt, was in den letzten Tagen sein Denken entzündet hat. Warum es ihn erst neuerdings so bedrängt, versteht er nicht.
Seit Tagen wundert er sich über sich selbst. Hat er sich etwa verändert? Denn es handelt sich ja dabei um gar nichts Neues, sondern um etwas längst Bekanntes, für ihn ebenso alltäglich wie für zig Millionen andere auch. Nichts, was nur seine Privatsache wäre, denn es geht ja genauso auch alle anderen etwas an. Trotzdem kommt es ihm seit fünf Tagen so vor, als wäre es zurzeit sein ganz persönliches und auch sein größtes Problem. Er weiß einfach nicht mehr, was er vom Sex noch halten soll. Denn wie, das hat er sich oft gefragt, kann er noch ein begeisterter Anhänger des Sex bleiben, wenn er an diese beiden Katastrophen, Bevölkerungsexplosion und Aids denkt, die mit dem Sex schicksalhaft verbunden sind?
Nach einem durchaus befriedigenden Liebesakt vor fünf Tagen, sie lagen noch zusammen in seinem Bett, trieben seine Gedanken plötzlich in diese Richtung. Seitdem ist der Sex für ihn zu einem Problem geworden. Wie noch nie reagiert er darauf, was er weiß, und er versteht nicht mehr, wieso erst jetzt. Sonst gehörte es zu einer zwar brutalen, ihn jedoch nicht

besonders berührenden Wirklichkeit. Er kam gut damit zurecht. Der Sex blieb für ihn eine unvergleichlich köstliche Stimulanz. Jetzt aber hält er den Sex für eine Naturkatastrophe. Er braucht sich nur daran zu halten, was er bereits weiß. Nichts anderes verursacht doch so viel Unheil.
Sex überzieht die ganze Welt mit Zerstörung, Elend und Tod, ist gewissermaßen ein globales Verhängnis. Man müsste doch den Sex eher verteufeln als verherrlichen. Er bietet Lust und erzeugt Verderben. Ununterbrochen verbreitet er Leid und Sterben. Wenn er an die Bevölkerungsexplosion denkt, ein für ihn nun ebenso scheußliches wie zutreffendes Wort, fallen ihm wie Anklagen gegen den Sex die im Grunde unfassbaren Artikel und Berichte ein, die er darüber bereits gelesen und gesehen hat. Tatsachen, die doch kein vernünftiger Mensch leugnen kann.
Apokalyptische Ausmaße habe das Bevölkerungswachstum bereits angenommen. Die Zeitbombe Mensch sei schlimmer als die Atombombe. Die Menschheit ersticke an sich selbst. Die unkontrolliert wachsende Menschheit verwüste den Planeten Erde. Der Mensch sei eine Verrücktheit der Natur. Die Menschheit sei der Krebs der Erde. Diese Diagnose hat er gestern zum ersten Mal bei seinem Augenarzt in einer populärwissenschaftlichen Zeitschrift gelesen. Sie hat ihn schockiert, bis tief in die Nacht verfolgt.
Was für ein grauenhaftes Forschungsergebnis! Danach gleiche die Menschheit einer Krebsgeschwulst, weil ihre Ausbreitung ein bösartiger ökopathischer Prozess sei, der unweigerlich zum Tod der Umwelt führe. Mit ihrem rapiden, ungezügelten Wachstum befalle und zerstöre sie benachbarte und gesunde Lebensbereiche. Tumoren gleich dringe der Mensch in fremde Regionen ein, vernichte deren System und ersetze es durch sein eigenes. Wie Krebs Metastasen bilde, so gründe der

Mensch Kolonien. Der Mensch habe jede Anpassung an ein natürlich gewachsenes System verloren, wuchere sich und seine Umwelt zu Tode.
Aussagen, die er ebenso erschreckend wie gerechtfertigt hält. Er kann sie gut nachvollziehen. Die triebhafte, furchtbar fruchtbare Menschheit. Unglaublich, aber wahr: Der Sex zerstört den Planeten Erde.
Der Sex ist eine Naturkatastrophe. Wie kann er denn angesichts dieser Tatsache noch länger ein positives Verhältnis zum Sex haben? Ist er beim Sex nicht jemand, der privat genießt, was global zerstört? Wie soll er sich darauf einstellen? Wie kann er noch zu seinem eigenen Sex stehen?
Mit seinen Fragen stößt er immer wieder gegen Mauern, die er nicht überwinden kann. Und Aids, auch eine unfassbare Sex-Katastrophe, hat in seinem Inneren weitere Mauern errichtet, Sex für ihn zu einem Problem werden lassen, dem er sich nicht mehr gewachsen fühlt.
Bevölkerungsexplosion und Aids. Es beschäftigt ihn mehr als alles andere. Dieses Problematisieren ist er nicht gewohnt. Es beeinträchtigt ihn. Denn er ist im Grunde ja, was er sich gerne eingesteht, ein leichtlebiger Mensch, der sich mehr von seinen Gefühlen als von seinem Verstand leiten lässt. Aber damit scheint es jetzt vorbei zu sein. Er spürt seit Tagen eine noch nie erlebte Verfinsterung seines Gemüts. Über Aids hat er genauso scharf nachgedacht wie über die Bevölkerungsexplosion und das ist ihm genauso schlecht bekommen.
Aber er hat keine andere Wahl gehabt. Es hat sich wohl in ihm aufgestaut, wie lange schon, kann er sich nicht beantworten. Seit Tagen muss er daran denken.
Das Aidsproblem hat seine Liebe zum Sex anscheinend noch mehr verseucht als die Bevölkerungsexplosion. Dass Sex lebensgefährlich ist, wenn er pur genossen wird, erscheint ihm

jetzt als Tragödie. Was für ihn bislang untrennbar mit seiner Lebensfreude verbunden war, rückt immer mehr in die Nähe des Todes. Er findet es unbegreiflich. Eine Natur-Perversion. Als wäre das Leben in seiner Quelle vergiftet.
Ja, Sex kann ihn töten. Das weiß er zwar schon lange, aber erst jetzt trifft ihn das ganze Ausmaß dieser Tatsache. Er ist noch verschont geblieben, hat sich geschützt, so gut es ging. Er hat wohl auch Glück gehabt, wenn er zurückdenkt. Viele andere nicht. Diese Sex-Seuche grassiert schon wie die Pest, tötet millionenfach. Und er hat es sich dabei ziemlich bequem gemacht. Als hätte er von einem Logenplatz unbeteiligt zugesehen. Er muss blind gewesen sein. Es ist ja nicht nur die Seuche der anderen. Er kann auch ihr Opfer werden.
Frauen sind eigentlich lebensgefährlich für ihn. Sie könnten ihn mit Sex töten. Sex kann wirklich ein Mordsspaß sein, sagt er sich nun. Ein halbbetrunkener, ungeschützter Fick mit einer Zufallsbekanntschaft oder ein Materialfehler am Kondom könnte ihn lustvoll in den Tod vögeln lassen. Allein schon die Tatsache, dass es möglich ist, ihn nur eine dünne, ihn im Grunde abstoßende Gummischicht davor bewahrt, empfindet er nun als quälend.
Der Sex scheint für ihn ruiniert zu sein. Seine neue Liebschaft, die kaum vierzehn Tage alt ist, muss er auch in diesem Licht sehen. Sonst wäre er verblendet. Würde er alles anders empfinden, wenn er eine Frau liebte? Ja, vielleicht, er weiß es nicht. Seine Freundin ist ihm noch ziemlich fremd, und sie wird es wohl auch bleiben. Er rechnet mit einer nur kurzen Liaison. Sie wohl auch. Sie werben seit Tagen intensiv, tauschen dabei die üblichen, weniger aufrichtigen als geheuchelten Zärtlichkeiten aus und genießen den Reiz des Neuen. Es ist nichts Ernstes, mehr ein Spiel für ihn, wobei das Körperliche im Mittelpunkt steht. Ein gewisses Maß an menschlicher Nähe und

eine starke Dosis Sex, mehr hat er anfangs nicht gewollt. Jetzt weiß er nicht mehr, was er will. Den Sex will er selbstverständlich nicht aufgeben, ein mönchisches Leben würde er nicht aushalten.
Aber wie kann er trotz Bevölkerungsexplosion und Aids seine alte Freude am Sex wiedergewinnen? Hat er sie etwa endgültig verloren? Sollte er erst einmal eine Sexpause einlegen, eine Bedenkzeit nehmen, alles für sich abklären? Das hat er sich in den letzten Tagen mehrmals gefragt. Bis heute hat er keine Antwort darauf gefunden.
Nein, denkt er jetzt, macht aber trotzdem weiter. Wie sinnlos. Ist doch alles verseucht. Gefühlsmäßig bleibt er beim Sex, agiert, als wäre es eine Selbstverständlichkeit. Noch immer hält sein Glied seinen Gedanken stand. Und noch immer verspürt er Lust, trotz dieser sexzersetzenden Tatsachen. Wie alle anderen auch. Furchtbar fruchtbar und lebensgefährlich geil, denkt er.
Befremdet betrachtet er seine Freundin, die ganz im Sex eingetaucht ist. Als wäre sie von Sinnen. Sie wird jetzt bestimmt nichts Negatives über den Sex denken. Sie wird wohl ganz von ihren Lustgefühlen beherrscht. Was will er eigentlich von ihr? Er weiß es nicht mehr. Sie lässt ihn jetzt völlig kalt. Eine ihm fast unbekannte Frau. Keine Liebe, bloß Sex. Und Sex mit ihr macht ihm keinen Spaß mehr. Dass alles so ist, wie es ist, stößt ihn ab.
Was für ein Sex-Krampf! Schon beim letzten Mal hatte er es ja gespürt, aber dieses Unbehagen schnell eingedämmt. Heute geht es nicht mehr. Er sollte einfach damit aufhören.
Coitus interruptus, denkt er. Seine Stoßbewegungen, die ihm maschinenhaft vorkommen, werden langsamer. Seine Lust verebbt. Wieder muss er daran denken, dass diese Frau ihn töten könnte, vielleicht bereits aidsinfiziert ist. Allein schon

die Möglichkeit, wegen Sex mit ihr zu sterben, erscheint ihm abstoßend genug.
Verkörpert sie nicht das höchste Risiko für ihn? Wenn er nicht geschützt wäre, könnte sie gerade den Todeskeim auf ihn übertragen. Er merkt, wie diese Frau ihm zuwider wird. Er bewegt sich kaum noch, merkt, dass sich seine Bedenken immer schneller im Kreis drehen. Starr bleibt er hinter ihr knien.
«Was soll das?», protestiert sie, dreht ihren Kopf zu ihm und blickt ihn mit zusammengezogenen Augenbrauen wütend an. «Mach doch weiter. Du kannst jetzt doch nicht mittendrin einfach aufhören. Tu mir das bloß nicht an. Oder gehört das zu einer neuen Technik? Los, besorg's mir endlich weiter!», sagt sie in ungeduldigem Befehlston.
Zögernd erst, dann jedoch wieder dem Standard folgend, bewegt er seinen Körper. Er kommt sich wie ferngesteuert vor. Er hat keine Lust mehr, aber diese Frau hier vor ihm will unbedingt, dass er sie befriedigt. Sie scheint sich wieder ganz ihrer Lust hinzugeben.
Wenn er jetzt aufhört, könnte es vielleicht das Ende ihrer kurzen Bekanntschaft sein. Das wäre ihm doch zu früh. Es erscheint ihm leichter, einfach weiterzumachen. Beinahe gleichzeitig mischen sich seine Bedenken wieder ein, bestürmen ihn. Er hat den Eindruck, als würden sie sich auf ihn stürzen und ihn wegen seiner Handlungsweise beschimpfen.
Bevölkerungsexplosion. Zeitbombe Mensch. Verwüsteter Planet. Krebsgeschwür Menschheit. Sexseuche. Lebensgefährliche Frau. Mordsspaß.
Alles rumort in ihm. Er kann nicht mehr mit seinem Körper weiterlügen. Wie er sich hier verhält, das ist doch dummgeil. Nein, sagt er sich. Es ist zwecklos. Sinnlos. Schluss. Ich habe keine Lust mehr. Er spürt eine starke innere Bremswirkung. Er will jetzt so handeln, wie er es für richtig hält. Ohne Kompro-

misse. Ehrlich zu sich selbst. Sich von den nackten Tatsachen leiten lassen. Und die sind wirklich verhängnisvoll. Wie konnte er nur so lange so ein tumber Tor gewesen sein? Er muss jetzt aufhören mit diesem verlogenen, für ihn total sinnlos gewordenen, lebensgefährlichen Sex.

Auf die sich lustvoll windende Frau in seinem Bett kann er keine Rücksicht mehr nehmen. Für sie zählt nur noch ihre Befriedigung, für ihn nur noch das, was er weiß. Es ist abstoßend. Auf seinen Orgasmus kann er jetzt leicht verzichten. Es reicht ihm. Coitus interruptus. Was sonst? Es ist ihm egal, wie sie darauf reagieren wird. Er hat keine andere Wahl.

Während er seine Bewegungen verlangsamt, spürt er schon eine Erleichterung. Er wartet noch einige Sekunden, überlegt kurz, ob er ihr sein Verhalten erklären soll, beschließt, ihr alles zu verschweigen. Mit einem entschlossenen Wegdrehen löst er sich von ihr und bricht den Akt endgültig ab.

Klänge

Man habe es kommen sehen. Man sei nicht überrascht. Man habe sogar bis zuletzt versucht, ihm zu helfen, aber es habe nichts genutzt. Er sei schon zu weit in seinem Wahn eingesponnen gewesen. Andere Menschen habe er kaum noch ertragen können. Oft habe er sich die Ohren zugehalten, wenn andere in seine Nähe gekommen seien. Man habe ihn in den letzten Wochen nur noch selten gesehen. Seine Lebensmittel habe er meistens schriftlich bestellt. Er habe ja auch keine Telefongespräche mehr ertragen können. Er habe es eigentlich nur noch in seinem Haus und in seiner Werkstatt ausgehalten. Die wenigen Male, die man ihn noch gesehen habe, seien immer dramatisch verlaufen.

Einmal habe er beim Metzger vor der Fleischtheke gestanden und mit gebrochener Stimme Aufschnitt verlangt. Plötzlich habe er aufgeschrien, ein erschrockenes Gesicht gemacht und laut gerufen:

«Die Schweine und Rinder. Hört doch. Dieses schreckliche Gebrüll. Das sind ihre Todesschreie. Ihre Qual höre ich ganz deutlich. Ihr Schlachtbarbaren. Mörder.»

Der Metzgermeister sei verständlicherweise zornig geworden, habe ihn vor die Tür gesetzt und ihm verboten, sein Geschäft je wieder zu betreten.

Man habe es ihm angesehen, dass er nicht mehr normal sei. Einmal habe er am Dorfbrunnen gesessen und ein ganz verzücktes Gesicht gehabt, so, als hörte er etwas sehr Schönes. Allen sei er wie ein von seiner Besessenheit Verfolgter vorge-

kommen. Nichts und niemand seien vor seiner Verrücktheit sicher gewesen.
Sogar in der Kirche habe er sich total danebenbenommen. Mitten im Hochamt sei er zur Kanzel gelaufen, sei sie hochgestürmt und habe in irrem Predigerton gesagt:
«Höret sofort mit diesem unwürdigen Getöse auf. Ihr jaulenden Münder. Du törichte Orgel. Höllenlärm ehret keinen Gott. Denn wisset, nicht geistliche Musik ist das, nein, das ist allerübelste Gotteslästerung.»
Man habe ihn gewaltsam aus der Kirche entfernen müssen. Der Pfarrer sei sehr erschrocken gewesen, habe sich mehrmals bekreuzigt. Viele Gläubige hätten danach nicht mehr mitsingen können.
Er habe sich alle Sympathien verscherzt. Einmal sei er über die abgemähten Getreidefelder gelaufen und habe seine Arme wie ein Dirigent bewegt. Viele hätten über ihn nur noch gelästert. Der Bürgermeister habe gemeint, bei ihm seien alle Saiten gerissen.
Seine letzte Verrücktheit in der Öffentlichkeit habe er sich zwei Tage vor seiner Einlieferung in die Psychiatrische Anstalt Maiberg geleistet. Er habe wohl einen Spaziergang gemacht, habe seinen Stock mit dem Geigenschnecken-Griff dabeigehabt. Vor friedlich pickenden und gurrenden Tauben sei er stehen geblieben. Zunächst habe er wie erstarrt zugesehen. Dann habe er plötzlich seinen Stock erhoben und mehrmals wüst auf eine Taube eingeschlagen. Die Taube sei wohl sofort tot gewesen. Er habe dann noch die Spitze seines Stocks in ihren leblosen Körper gespießt. Die Taube habe furchtbar ausgesehen, völlig zerfetzt. Er habe laut gelacht, dann gesagt:
«Geschieht dir recht, du widerliches Mistviech. Euch allen geht es bald genauso. Euer Gurren muss von der Erde verschwinden. Es hört sich wie übelster Gestank an. Alle scheuß-

lichen Geräusche müssen verschwinden. Alle. Das meint Ihr doch auch, oder?»

Erschrocken seien sie vor ihm zurückgewichen. Eltern hätten Angst um ihre Kinder bekommen. Man habe noch am gleichen Tag Anzeige gegen ihn erstattet. Dafür sei es höchste Zeit gewesen. Aus seiner Werkstatt seien in den letzten Tagen die grausigsten Töne gekommen.

Als sie ihn abholten, habe er keinen Widerstand geleistet. Eine Zwangsjacke habe man für ihn nicht benötigt. Er sei in seiner Werkstatt gewesen, habe unter einem kaputten Klavier gelegen. Er sei sehr freundlich gewesen. Stolz habe er alle in seiner Werkstatt herumgeführt. Ein einziges Chaos solle dort geherrscht haben.

Mehr oder weniger verrückt sei er ja schon lange gewesen. Diejenigen hätten recht behalten, die prophezeit hatten, irgendwann einmal würde er völlig überschnappen und in der Irrenanstalt enden.

Er habe gar nicht begriffen, was geschehen sei. Er habe ein ganz entrücktes Gesicht gehabt. Seinem Nachbarn habe er noch zugerufen:

«Ich höre es. Ich höre es. Wie wunderbar!»

Was ich in den letzten Tagen über Wolfgang Rondorf, meinen irregeleiteten Freund, gehört habe, scheint mir nicht übertrieben. Das meiste davon hatte sich schon lange zuvor, wenn auch in stark abgeschwächter Form, angekündigt. Trotzdem bezweifle ich, dass er zwangsläufig ein derart trauriges Schicksal erleiden musste.

Eine frühzeitige Selbstkorrektur, ein geistschonendes Sichbeschränken, ein unverhofftes Glück, vielleicht der ausgleichende Einfluss einer liebenden Frau; oder hätte er nur auf meine Warnungen gehört, sein Leben wäre möglicherweise anders verlaufen, hätte sich nicht so tragisch entgrenzt.

Kauzig war er schon lange, doch das gehörte zu ihm ebenso wie sein absolutes Gehör. Er war anders, man könnte sagen, ein Original. Jahrelang blieb alles bei ihm trotz mancher Überspanntheiten im Rahmen. Dann aber hetzte er sich in wenigen Monaten vom bloß Kauzigen zum schier Verrückten. Sein Leben, das er ganz den Klängen widmen wollte, war schaurig dissonant geworden.

Ich wollte ihm helfen, konnte aber nur zusehen, wie er von seinen fixen Ideen mitgerissen wurde. Als er sich noch in einem geistigen Schwebezustand befand, scheiterte jeder Versuch, ihn zu einem Normalmaß zurückfinden zu lassen. Nur mit Hohn und Spott antwortete er auf meine Bemühungen und auf die von anderen.

Er mag jetzt ein hoffnungsloser Fall geworden sein. Ich maße mir nicht an, das zu beurteilen oder gar seine Lebensgeschichte als Krankengeschichte zu verstehen. Manches erscheint mir zwar plausibel, letztendlich bleibt für mich sein Schicksal unergründlich. Vielleicht ist mir sein wahres Wesen ja verschlossen geblieben.

Als ich mich vorgestern, sechs Tage nach seiner Einlieferung in die Psychiatrische Anstalt Maiberg, in seiner Werkstatt umsah, schien sie mir seine geistige Katastrophe widerzuspiegeln. Ein erschreckendes Durcheinander von grotesk veränderten Musikinstrumenten, darunter auch das mir bereits bekannte Trompeten-Saxofon und das Dudelsack-Akkordeon, Teile von Geigen, Klavieren und Blasinstrumenten, haufenweise Material unterschiedlichster Art für Zwecke, die nur er kannte.

Überall lagen Konstruktions-Skizzen herum, mit Zimmermannsstiften hastig hingeworfene Zeichnungen von Musikinstrumenten. In zwei alten, wie geschlachtet aussehenden Klavieren befanden sich mehrere Skizzen-Stapel. Jedes Blatt

war datiert und trug eine umrandete Überschrift: Klaviergeige oder Geigenklavier.
Ich überflog die Zeichnungen und die wenigen Anmerkungen dazu, betrachtete die beiden Klaviere und die kreisförmig angeordneten Geigenteile. Es waren Zeugnisse davon, was ihn in den letzten Wochen bis zuletzt anscheinend fieberhaft beschäftigt hatte. Er wollte eine Klaviergeige oder ein Geigenklavier konstruieren, konnte sich aber nicht entscheiden, welchem Entwurf er den Vorzug geben sollte. Ihm schwebte wohl ein Instrument vor, das die klanglichen und spieltechnischen Eigenheiten von Klavier und Geige vereinigte, jedoch unter der Oberhoheit, dieses Wort stand auf den meisten Blättern, des Klaviers oder der Geige. Ich vermute, darüber zerbrach er sich so sehr den Kopf, dass es seinen Zusammenbruch beschleunigte. Das Ende einer Entwicklung, die wohl bereits mit seinem Entschluss begann, sein kleines Musikgeschäft auf der Ringstraße aufzugeben.
Ich erinnere mich noch gut an den klaren Wintertag im vorigen Jahr, als wir beide über die schneebedeckten Höhen des Odenwalds wanderten.
Sein Benehmen war damals bereits verändert, tendierte noch mehr zum Sonderbaren. Aber ich war darüber nicht besorgt, nahm an, es wären bloß Übertreibungen von kauzigen Eigenarten, die zu ihm ohnehin gehörten.
Er schwärmte wieder leidenschaftlich vom Reich der Klänge und einer neuen Musik, die andere Instrumente brauche und weitaus feinere, eben höherentwickelte Ohren. An diesem Tag redete er viel sprunghafter als sonst, merkwürdig gehetzt und sein Gesicht glich dem eines religiösen Fanatikers.
«Weißt du», sagte er, blieb stehen und schwieg einige Sekunden, den Kopf in den Nacken geworfen, den Blick zum Himmel erhoben. Dann sah er mich wieder mit weit geöffne-

ten Augen an und redete im Fortissimo weiter. «Ich kann nicht mehr länger diese abgeschmackten Musikinstrumente bauen oder reparieren. Ich ertrage es nicht mehr. Ja, ich hasse es geradezu. Meine eigenen Instrumente waren doch auch nur Dutzendware. Ich geb's zu. Schnell zusammengeschusterter Broterwerb. Musikruinen. Aber mehr haben die Leute ja auch nicht gewollt. Die bei mir kauften. Eben der Durchschnitt. Und der braucht Dutzendware. Allesamt Musikbanausen. Klassikverhunzer. Bis auf wenige Ausnahmen. Keinen Tag länger will ich mich zu einer derart erniedrigenden Arbeit zwingen. Meine Hände verweigern bereits ihren Dienst. Zu lange habe ich ihnen zu viel zugemutet. Keine schlechten Musikinstrumente mehr. Und die kaputten Instrumente sollen kaputt bleiben. Das haben sie verdient. Jetzt ist Schluss, hörst du, Richard, endgültig Schluss. Und vorbei ist's auch mit der Klavierstimmerei. Es hat meine Ohren beleidigt, verstimmte und meistens schlecht gebaute Klaviere klanglich zu verbessern. Ich muss mich von all dem befreien. Darf keine Zeit mehr verlieren. Ah, wie mir das guttut. Balsam für meine Ohren. Sie werden von Minute zu Minute reiner, offener. Das spüre ich bereits. Ich höre schon mehr als je zuvor. Und anders. Zuerst habe ich es nur geahnt, aber jetzt weiß ich es. Ich bin bereit. Ich bin unterwegs.»

«Unterwegs? Was meinst du damit? Wohin bist du unterwegs?» Ich sah ihn befremdet von der Seite an.

Er lachte abfällig, klatschte dabei in die Hände.

«Wohin wohl? Eine erstaunlich dumme Frage von dir, Richard. Du müsstest es doch wissen. Natürlich dorthin, wohin ich schon immer wollte. Ich befinde mich auf dem Weg zu einer neuen Klangwelt, einer, die wahrer ist als die, in der ich bisher lebte», sagte er, sah mich triumphierend an und schlug mir zweimal kräftig auf die Schulter. Er ging in einem so schnellen

Tempo weiter, dass ich ihm kaum folgen konnte. Er wirkte wie berauscht.
«Alles in mir», fuhr er fort, «konzentriert sich darauf. Jetzt bin ich bereit. Eher als ich dachte. Mein Gehör sensibilisiert sich immer mehr. Wie lange schon sehne ich mich danach, klassische Musik und andere Klangeinheiten reiner und feiner zu hören! Auch Naturklänge. Und ich will neue Klänge für mich entdecken. Ich muss jetzt endlich mehr davon hören, was für mich hörmöglich ist, verstehst du? Eine noch verborgene Musik, bislang ungehörte Klangsinfonien, reine Klangwunder, unirdische akustische Schönheiten. Es gibt sie. Ich spüre sie schon. Sie warten auf mich. Ich muss sie nur noch mit meinen Ohren erreichen. Ich nähere mich ihnen bereits. Ich ahne sie. Noch sind sie kaum wahrnehmbare Klangwellen, nur sekundenlang. Doch wie viel sie mir schon verheißen! Es ist eine neu beginnende Liebe. Und ein ganz anderes Glück. Dafür würde ich alles hergeben. Ich muss mit allem brechen, was mich weiter davon entfernt. Mit allem, hörst du? Kompromisslos. Deswegen mache ich auch den Laden zu», sagte er fast schreiend mit geballter Faust.
«Du gibst also dein Geschäft auf», sagte ich. Ich war irritiert, wusste nicht, wie ich mich ihm gegenüber verhalten sollte.
«Mit dem allergrößten Vergnügen. Ich habe es lang genug weitergeführt. Gegen meine Überzeugung. Mit großer Überwindung. Das hat mich Kraft gekostet. War auch schlecht für mein Gehör. Aber ich war ja darauf angewiesen. Wenigstens eine sichere Einnahmequelle. Und ich fühlte mich wie eine Art Nachlassverwalter. Der Tod meines Vaters kam mir dadurch weniger sinnlos vor. Mehr ein Gefühl. Er hing an seinem Geschäft. Zuletzt sein ganzer Stolz. Bildete sich auch ein, mir wer weiß was damit zu hinterlassen. Aber das kennst du ja alles bereits. Ich hab's lange genug in Ehren gehalten. Mein Vater

merkt nichts mehr davon. Ich werde das Geschäft verkaufen. Oder verpachten. So schnell wie möglich.»
«Wovon willst du denn demnächst leben? So viel wird das Geschäft ja nicht abwerfen. Wie finanzierst du dich, wenn du nun endlich in dein unermessliches Zauberreich der Klänge aufbrichst?», fragte ich ihn provokativ, was er überhaupt nicht zu bemerken schien.
«Teils vom Erlös meines Geschäfts, teils von meinen Reserven. Du weißt, ich habe von meinen Eltern geerbt. Nicht viel, aber es ist ein Polster. Und ich werde Land verkaufen.»
«Aber erst, wenn es als Bauland ausgewiesen ist, oder?»
«Ja. Das wird nicht mehr lange dauern», sagte er und sah mich grimmig an.
«Wirst du noch weiter Musikstunden geben? Oder passt das auch nicht mehr in deine neue Klangwelt?», fragte ich ihn.
«Bist du verrückt? Was soll das?» fuhr er mich mit aufgebrachten Armbewegungen an. «Ich mich weiter mit falschen Tönen drangsalieren? Mich mit Stümpern abgeben? Kann so etwas nicht mehr ertragen. Schlecht-, also falschgespielte Klassik ist das Schlimmste für meine Ohren. Klassische Musik kann ich sowieso nur noch mit Genuss hören, wenn sie von Virtuosen gespielt wird. Nur noch in Vollendung für meine Ohren geeignet. Sobald sich der Durchschnitt daran vergeht, leidet mein Gehör Marterqualen. Ich muss meine Ohren sowieso noch gründlich von allem Tondreck reinigen, sie desinfizieren. Ja, genau, sie desinfizieren.»
«Und wie gehst du dabei vor?»
«Ich verordne meinen Ohren einfache Dreiklänge und vor allem viel Schweigen. Ich höre dann genau auf das Schweigen, auf die verborgenen Klänge im und hinter dem Schweigen, die sich mir langsam erschließen», sagte er mit feierlichem Tonfall.

Was er sagte, meinte er tatsächlich ernst, davon war ich jetzt überzeugt. Nichts Spielerisches war mehr aus seinen Worten herauszuhören. Er sprach mit auffallender Entschiedenheit, anders als sonst, wenn er auf eine für mich fesselnde Weise über die Musik redete und so mein Musikverständnis vertiefte. Er wirkte dann auf mich meistens wie ein angenehm schrulliger Musiklehrer, für den Musik die große Leidenschaft ist. Aber nun schien er sich in eine andere Person zu verwandeln. Er zeigte einen fast besessenen Ernst. Ich war erschrocken.

«Was wird denn aus unserem Quartett? Spielst du noch weiter mit uns? Oder spielen wir jetzt alle für dich so unerträglich schlecht, dass wir von nun an nur noch ein Terzett bilden?», fragte ich ihn.

Er schwieg eine Zeit lang, blickte fahrig in alle Richtungen, sah mich dann unsicher an.

«Ich glaube», antwortete er langsam wie in Trance, «das kann ich mir erlauben. Jaja, doch. Dürfte mir nicht schwerfallen. Es hat mir ja immer wieder von neuem Spaß gemacht. Trotz allem. Ich hoffe nur, dass Bernd sich steigert. Er hat noch große Mühe bei den Soli. Er strengt sich dabei zu sehr an. Ihm fehlt die Leichtigkeit. Und Präzision. Leichtigkeit und Präzision, ja, das kann Wundervolles hervorbringen.»

Er schwieg, betrachtete die weiß überzogene Landschaft, die sich sanft gewellt vor uns erstreckte.

«Und Hartmut», fuhr er fort, «mangelt es einfach an Talent. Er ist der von Natur aus Schlechteste. Hoffnungslos dilettantisch. Aber das macht mir nicht allzu viel aus. Er kann ja nichts dafür. Nicht so wichtig.»

«Und ich?», fragte ich gespannt. Er schien jetzt wieder mehr der zu sein, den ich kannte.

«Du? Nun, der geborene Hobbymusiker. Nicht ohne Begabung. Ein guter Wochenend-Violinist. Aber das sagte ich dir ja bereits mehrmals.» Er lachte gutmütig. «Dein Spiel ist wirklich recht angenehm, Richard. Dochdoch. Ein bisschen viel Pathos. Aber das kann man mit der Violine sowieso nur schwer vermeiden. Das gehört eben nur zur Meisterschaft. Und die beginnt erst viel später. Mach dir nichts daraus.»

«Ich habe mich daran gewöhnt.»

«Werde aber bloß nicht nachlässig. Verbesser dich weiter. Übe mehr», sagte er lehrerhaft.

«Würde ich ja gern. Aber dazu fehlt mir die Zeit, Wolfgang.»

«Nimm sie dir einfach. Man muss konsequent sein. Das bin ich jetzt. Ich brauche nämlich mehr Zeit für mich. Ich muss mich weiter verbessern. Vor allem was mein Hörvermögen anbelangt. Ein absolutes Gehör reicht nicht. Es muss noch mehr geschult werden. Aufnahmefähiger sein. Sensibler für zauberhafte Klänge. Verstehst du, was ich meine?» fragte er und sah mich prüfend an.

«Ja, schon», antwortete ich besorgt.

«Ich werde auch versuchen, endlich, endlich mein Geigen-Meisterstück zu bauen. Alles liegt hierfür bereit. Vielleicht gelingt es mir ja sogar, ein neues Instrument zu konstruieren. Für ganz andere Klänge.» Er schwieg einige Sekunden. «Wichtiger ist für mich natürlich mein Gehör. Ich werde bestimmt neue Klänge entdecken, hören, was nur sehr wenige Menschen hören können, wohl nur diejenigen, deren Gehör so weit entwickelt ist wie meines. Darüber werde ich Vorträge halten. Ich werde der Musik neue Bereiche eröffnen, Klangkünstler zu neuartigen Kompositionen inspirieren. Ich werde Wegweiser sein. Aber das braucht noch seine Zeit.»

«Das glaube ich auch. Aber du hast doch jetzt schon ein Ausnahme-Gehör», sagte ich und überlegte, wie ich ihn in geistig gemäßigtere Zonen zurückbringen könnte.

«Ich weiß. Aber es reicht mir nicht. Nichts reicht mir, was ich bis jetzt erreicht habe. Fast alles nur Durchschnitt. Ich hasse den Durchschnitt. Was habe ich denn schon geleistet? Aber ich bin jetzt auf dem besten Weg. Ich steiger mich täglich. Ich wandle mich immer mehr zu mir. Eine Art Metamorphose. Ich habe mich bald erreicht. Meine Neuzeit. Ich möchte eine Spur hinterlassen. Ist es nicht schrecklich, bedeutungslos zu sterben? Wenn nichts von einem bleibt?» fragte er und sah mich gequält an.

Ich konnte darauf nichts antworten. Ich fühlte mich aufgewühlt. Wohin trieb er? Schweigend gingen wir weiter.

«Hörst du? fragte er und blieb stehen.

«Was denn, Wolfgang?», fragte ich.

«Du siehst doch, wie harmonisch der Schnee und die Hügel sich hier vereinen.»

«Ja. Es sieht schön aus.»

«Und es hört sich noch viel schöner an.»

«Was?», rief ich verblüfft aus.

«Ja, Richard. Ich höre es. Nur ganz leise, beinahe unterschwellig, als würden meine Ohren es mehr ahnen. Ein unglaublich feiner E-Dur-Akkord.»

Sein kleines Musikgeschäft auf der Ringstraße verkaufte er einen Monat später. Damit ging für mich seine Normalzeit endgültig zu Ende. Solange er sein Geschäft geführt hatte, gab es ihm, wie ich vermute, noch einen gewissen Rahmen, der ihn zwar beengte, aber auch zurückhielt. Ich hatte in dieser Phase seines Lebens gehofft, dass er sich wieder fangen würde, er nur kurzfristig von überzogenen Klangvorstellungen verleitet worden war. Er schien auch selbst unschlüssig zu sein, sich nicht zu trauen, das zu verwirklichen, was ihm vorschwebte. Er war, bis auf gewisse Übertreibungen, die ich seit unserem winterlichen Spaziergang kannte, kaum anders als sonst. Nur ernster, in sich gekehrter. Ich war damals oft bei ihm, versuchte, ihn zu beeinflussen, ihn davon abzuhalten, sich weiter zu verrennen. Aber vergebens. Vielleicht verhielt ich mich dabei zu ungeschickt. Meine an der Norm orientierten Beschwörungen schienen an ihm abzuprallen.

Spöttisch sagte er mehrmals, ich sei wohl ein preußischer Pädagoge geworden. Ich erreichte ihn nicht mehr. Als ich ihn eines Nachmittags in seinem Geschäft besuchen wollte, sah ich an der Tür ein kleines Schild: Wegen Geschäftsaufgabe geschlossen, las ich. Ich drückte die Klinke mehrmals herunter, erwartete, dass Wolfgang mir öffnen würde, weil wir uns für heute verabredet hatten, klopfte, doch er kam nicht. Ich blickte erst durch die ovale Türscheibe, dann durch das von Fachwerk gerahmte Schaufenster ins Geschäft. Ich konnte ihn nirgends sehen. Ich blieb noch einige Minuten stehen, betrachtete, was mir mit den Jahren so vertraut geworden war. Dann ging ich, fühlte mich auf eine eigenartige Weise berührt. Es kam mir so vor, als wäre gerade etwas Wichtiges aus meinem Leben verschwunden.

Als Wolfgang vor knapp drei Jahren das Geschäft seines verstorbenen Vaters übernahm, wenig von seiner Handlungsweise überzeugt, aber doch fest entschlossen, veränderte er nichts. Im Schaufenster waren weiterhin die nur zu Dekorationszwecken dienende, hochglanzpolierte Violine zu sehen, die auf einem beigefarbenen, etwas zu stark drapierten Samtstoff lag. Daneben war ein Notenständer aus angejahrtem Messing platziert, auf dem ein Notenblatt mit einer Violinsonate von Beethoven aufgeschlagen war. In der linken hinteren Ecke stand ein Metronom, schräg davor lagen mehrere versetzt übereinandergestapelte Notenhefte.

Wenn ich die dunkelbraune, schwere Eingangstür aus Buchenholz öffnete, sah und roch ich sofort das Handwerkliche.

Ein Werkstattbereich, der hauptsächlich zum Reparieren von Musikinstrumenten diente, beanspruchte den größten Teil des quadratischen Raums. Mit seinen an den Wänden angeordneten alten Arbeitsgeräten und den verstimmten oder beschädigten Musikinstrumenten, die auf zwei Werkbänken bearbeitet wurden, machte er auf mich immer den Eindruck eines Handwerksbetriebs von anno dazumal. Die rechte Wand wurde beinahe ganz von einer Stellage eingenommen, in der Geigen, Gitarren und Blasinstrumente zum Verkauf angeboten wurden. Eine winkelförmige, wie eine Mini-Bar aussehende Ladentheke, auf der eine alte Registrierkasse stand, befand sich in der vorderen rechten Ecke. Daneben ein kleiner runder Tisch mit zwei Stühlen. Dort saßen wir oft zusammen, unterhielten uns, tranken Kaffee, aßen Kuchen aus der Bäckerei schräg gegenüber.

Wenn er einen Kunden bediente, wirkte er gehemmt. Ich merkte ihm dann deutlich an, wie unwohl er sich in dieser Rolle fühlte. Bei Bekannten und Freunden jedoch, er hatte nur wenige, schien ihm seine Tätigkeit als Musik-Gewerbler, wie er es nannte, wenig auszumachen. Er zeigte dann so manches Mal seinen knorrigen Humor.

Das von zwei bis halb sieben geöffnete Geschäft war für mich auch eine Art Café, aber ein unvergleichliches. Es schien aus der Zeit herausgefallen zu sein. Die besondere Atmosphäre dort übte eine starke Anziehungskraft auf Kunden aus, zum größten Teil Hobbymusiker wie ich. Nur wenige unbedeutende Berufsmusiker, die schon seit Jahren zum Klientel seines recht geschäftstüchtigen Vaters gehörten, vertrauten ihm ihre Instrumente an. Wie sein Vater war er für die musikalische Elite nicht gut genug. Darüber täuschte er sich nicht hinweg. Manchmal beklagte er sich bei mir darüber, meinte dann auch, dass er als Instrumentenbauer und Musiker nichts anderes als erbärmlicher Durchschnitt sei. Er sei im Grunde musikalisch ein Niemand, das zeige sich für ihn immer hoffnungsloser. Er sei im Grunde gescheitert. Nur sein absolutes Gehör rette ihn. Wenigstens darauf könne er sich etwas einbilden.

Sein Hörvermögen war erstaunlich, ja bewundernswert, vielleicht sogar phänomenal. Nur, wie hätte das bewiesen werden können?

Das absolute Gehör zu haben, erfüllte ihn mit Stolz. Er hörte mehr und besser als die meisten Berufsmusiker, was er oft bewies. Er konnte, als sei es das Leichteste, einen Ton genau einordnen, falsch Gespieltes, auch wenn die Abweichungen nur minimal waren, sofort heraushören und Klaviere wie kaum ein anderer konzertreif stimmen. Er spielte Cello und Gitarre überdurchschnittlich gut und, darin war man sich einig, hervorragend Violine. Sie war auch sein Lieblingsinstrument.

Lange Zeit hatte er Berufsmusiker werden wollen und von einer Laufbahn als gefeierter Violinvirtuose geträumt. Nach wenigen Semestern brach er jedoch sein Studium an der Musikhochschule in Frankfurt ab. Er glaubte, an seine Grenzen gestoßen zu sein. Er sprach nur ungern darüber. Er habe seinen Entschluss nie bereut, behauptete er.

Vielleicht doch, wer weiß. Auch wenn er von sich sprach, schien er irgendwie verschlossen. Ich fragte mich oft, was sich wohl alles in seinem Inneren abspielte. Manchmal schien es mir, als suchte er sich selbst. Ich hatte nie das Gefühl gehabt, ihn wirklich zu kennen. Er blieb zeitlebens ein fremder Freund.

Nach seinem Musikhochschulen-Intermezzo, so nannte er es, arbeitete er wieder in der Werkstatt seines Vaters, wo er schon viel Erfahrung beim Instrumentenbau gesammelt hatte. Die Werkstatt, damals ein schuppenähnlicher Anbau an seinem

Elternhaus, war seit zwei Generationen im Familienbesitz. Sie kränkelte wirtschaftlich, ohne aber in Finanznöte zu geraten. Außer Wolfgang, seinem Vater und einem Onkel arbeiteten dort zwei weitere Instrumentenbauer und meistens auch ein Lehrling. Hier, in ländlicher Abgeschiedenheit, bauten und reparierten sie die Instrumente, die in dem kleinen Geschäft auf der Ringstraße verkauft oder abgeholt wurden.

Ihre Nachbarschaft bestand nur aus einem kinderlosen Lehrerehepaar und der Familie eines Schweinemästers. Ihr wichtigster Kunde war ein Großhändler aus Mainz, der leider nur unregelmäßig bei ihnen Geigen, Gitarren und Blockflöten bestellte. Mundpropaganda verhalf ihnen zu Kunden aus der näheren und weiteren Umgebung, von denen wenige ein überdurchschnittliches musikalisches Niveau besaßen. Wolfgang interessierte sich eigentlich nur für den Geigenbau. Seine große Leidenschaft. Gitarren und Blasinstrumente stellte er immer nur mit einem gewissen Widerwillen her. Es war für ihn eine lästige Pflicht. Ein Zeitverlust. Denn er wollte ein bedeutender Geigenbauer werden, hoffte, das Geheimnis der Geige zu ergründen. Er rechnete fest damit, dass es ihm auch dank seines absoluten Gehörs irgendwann einmal gelingen würde, die perfekt klingende Geige zu konstruieren.

Er hatte schon damals etwas von einem ehrgeizigen Tüftler, der in seiner Arbeit aufgeht und dabei zum Eigenbrötler wird. Mit Mitte Zwanzig schien er bereits vergessen zu haben, dass er noch jung war.

Wenn wir zusammen ausgingen, wozu ich ihn meistens überreden musste, wirkte er auffallend teilnahmslos. Was nicht mit der Musik oder dem Geigenbau zusammenhing, langweilte ihn.

Sein Liebesleben ähnelte dem eines Matrosen. Ich hatte nie das Gefühl, dass er es bedauerte. Er war sehr zurückhaltend, fast menschenscheu, kam nie zu Festen, legte nur wenig Wert auf Kleidung, Städte hasste er. Sein Leben wirkte eintönig, aber daran litt er nicht. Ein anderer Lebensstil schien für ihn gar nicht infrage zu kommen.

Nie werde ich vergessen, wie fesselnd er über die Kunst des Geigenbaus reden konnte, wie begeistert er dann war. Er schien alles darüber in sich aufgesogen zu haben, kannte Königswege, Sackgassen und Expertisen ebenso wie alte Anleitungen und Biografien von Geigenbauer-Meistern.

Trotzdem hatte er nicht den gewünschten Erfolg. Die besten Geigen, die er herstellte, erreichten klanglich nicht die Qualität erstklassiger Geigen. Er beherrschte sein Handwerk, zweifellos, jedoch weniger gut, als dass es ihn hätte zufriedenstellen können.

Wenn ich ihm bei der Arbeit zusah, schien es mir manchmal, als kämpfte er gegen das Material an, als wollte er es zwingen, die Klangform anzunehmen, die eine Meistergeige auszeichnet. Er gab seine Hoffnung nicht auf, dass es ihm trotz der unsagbaren Kompliziertheit gelingen würde, die vollkommene Geige zu bauen, das Optimum, wie er sagte, von dem jeder Geigenbauer-Meister träume.

Er könne ja nicht komponieren, was er zutiefst bedaure, sei auch kein Violinvirtuose geworden, aber die perfekte Geige zu konstruieren, das traue er sich zu. Es sei natürlich eine Wissenschaft für sich, und er benötige noch ein gewisses Maß an Zeit und Übung.

Ich hörte ihm immer gebannt zu, wenn er über sein Handwerk redete. Wie sorgsam das Rohmaterial ausgewählt werden müsse, Fichten-, Ahorn- und Ebenholz, wie wichtig auch der Standort der Bäume sei. Am günstigsten seien Südwestlagen. Je besser das Rohmaterial, desto besser auch die fertige Geige. Ich erfuhr, dass auch bei den scheinbar einfachen Arbeiten wie

Sägen, Hobeln, Randschneiden oder Schneckenschnitzen mit großem Geschick vorgegangen werden müsse, um nicht bereits frühzeitig die Geige musikalisch zu verkrüppeln. Das Wichtigste jedoch, eine Art Schöpfungsakt, sei die Arbeit mit der Ziehklinge, durch die erst der Klang ins Holz gebracht werde. Dann müsse man sich in die Geige hineinversetzen, ihre Fähigkeiten erspüren, mit viel Gefühl und Präzision in ihren Körper den Klang einziehen lassen. Es sei Millimeterarbeit, man benötige höchste Konzentration, denn dabei verleihe man der Geige ihren besonderen Charakter. Am besten klinge eine Geige, wenn sie unlackiert sei, aber bedauerlicherweise würde sie dann nicht lange halten. Die Lackierung sei zwar nur eine Vorsorgemaßnahme und ein Verschönerungseffekt, aber die Technik des Lackierens müsse man beherrschen. Denn eine nachlässige Lackierung würde jede Geige ruinieren, ja, ihr gewissermaßen die Kehle zudrücken. Eine Geige müsse frei und linear klingen, je linearer, desto besser sei sie. Es gebe ein Geheimnis der Geige. Berühmte Geigenbauer hätten immer wieder davon gesprochen, es aber nie ergründen können. Sie hätten geahnt, dass es etwas geben müsse, wodurch erst eine Geige perfekt werde. Denn keine Geige, auch keine Stradivari, sei bisher perfekt gewesen. Wem es gelinge, der Geige ihr Geheimnis zu entlocken, der könne nicht nur die perfekte Geige bauen, sondern dem offenbare sich dann auch eine bislang unbekannte musikalische Wahrheit.

Ob ich ihm bei der Arbeit zusah oder ihm bei seinen oft langen Monologen zuhörte, ich war jedes Mal von neuem tief beeindruckt. Ich bekam Einblicke in eine Welt, die mir ohne ihn verschlossen geblieben wäre. Ich fühlte mich durch ihn bereichert. Er gab mir sicherlich mehr als ich ihm. Er war auch mein Musiklehrer. Seine Strenge würzte er mit Humor. Ich lernte bei ihm viel über Musiktheorie und das Geigenspiel. Ich bezahlte ihn dafür, obwohl es ihm unangenehm war, von mir Geld anzunehmen. Ich wusste, dass er es gut gebrauchen konnte.

Er verbesserte mein mäßiges Geigenspiel schließlich so weit, dass ich in einem aufs Private beschränkte Quartett, in dem er den Ton angab, recht solide mitspielen konnte. Ich musste mich meistens anstrengen, alles geben, um meinen Part einigermaßen zu bewältigen.

Wolfgang jedoch spielte immer mit der Leichtigkeit eines Virtuosen. Oft sagte er, versonnen lächelnd: «Es geht auch anders.» Dann unterbrachen wir sofort unser Spiel und hörten ihm zu, wie er auf staunenswerte Weise über ein Thema improvisierte. Obwohl er uns musikalisch weit überlegen war, schien ihn das nur wenig, bis auf gelegentliche Temperamentsausbrüche, auszumachen. Möglicherweise auch deswegen, weil wir alle miteinander befreundet waren.

Früher schon, lange bevor er sich akustisch verirrte, war er davon überzeugt, dass sich das menschliche Gehör, die Instrumente und die Musik gemeinsam immer weiter entwickelten, der Mensch dauernd zu neuen Klangwelten unterwegs sei, mal schneller, mal langsamer. Vielleicht schon im nächsten Jahrhundert, so vermutete er, würde die Musik, die wir heute kennen, für die Menschen ziemlich primitiv klingen. Aber wer könne bereits jetzt erahnen, was sich erst Jahrzehnte oder gar Jahrhunderte später musikalisch verwirkliche? Gleichgültig, wie weit der Mensch sich neue Klangbereiche eröffne, er werde immer nur erbärmlich wenig von dem hören, was es alles zu hören gebe. Nur ein Bruchteil von Lauten erreiche das menschliche Ohr. Man brauche nur an die bewundernswürdigen Hörfähigkeiten von Tieren zu denken. Im Grunde sei der Mensch sogar taub.

Auch nachdem er sein Geschäft verkauft hatte und seine Hörspekulationen sich mehr und mehr in Besessenheit verwandelten, verlor er nichts von der Faszination, die er schon seit langer Zeit auf mich ausübte.
Manchmal bemerkte ich sogar, dass sie stärker war als je zuvor. Etwas Eigenartiges, Neues schien sich zu entfalten und zog mich trotz meiner Sorge um ihn in seinen Bann. Ich konnte mir nicht beantworten, was es war. Wolfgang wirkte überdreht, geriet in eine kritische Phase, die monatelang wie eine Fieberkurve mal steiler, mal flacher verlief.
Hätte er nicht, so fragte ich mich manchmal, das absolute Gehör gehabt, dann hätte er sich vielleicht nicht so intensiv auf das Hören konzentriert, wäre dann nicht dazu verleitet worden, seine Hörfähigkeiten ins Grenzenlose zu erweitern, zum Hörverrückten.
Ich begann zu bedauern, dass er das absolute Gehör hatte. Ich fürchtete um sein seelisches Gleichgewicht. Ich sah in ihm jemanden, der für seine Leidenschaft jetzt seinen ganz persönlichen Preis bezahlte.
Aber lange Zeit dachte ich nicht daran, dass dieser Schwebezustand im Wahnsinn enden könnte. Er schien für mich trotz aller Überspanntheiten, die ja mehr akustischer Natur waren, noch immer einigermaßen fest im geistig Normalen verankert. Denn wie viele Menschen hätscheln abstruse Gedanken, beruhigte ich mich damals, ja sind in Narrheiten zuhause, passen aber doch noch in den normalen Rahmen und behalten problemlos ihr gesellschaftliches Ansehen.
Wolfgang benahm sich während seiner kritischen Phase nicht sonderbarer als all die anderen, die unverdrossen ihre fixen Ideen ausbrüten, ihre Perversionen pflegen, eine Bagatelle zum Lebensziel machen, jenseitssüchtig ihrem Seelenheil alles opfern oder es sich in irgendeiner anderen Verstiegenheit ge-

mütlich machen. Wenn ich nur daran dachte, wie viele Astrologiegläubige sich von Horoskopen durch ihr Leben lotsen lassen, kam mir Wolfgang im Vergleich dazu wie ein Rationalist vor.

Im Februar war er 42 geworden. Man sah ihm sein Alter nicht an, er wirkte um Jahre jünger. Sein schon immer recht hageres Gesicht hatte auffallend harte, holzschnittartige Züge bekommen. Sein Blick schien oft ohne Ziel, konnte aber auch plötzlich stechend werden. Seine Körperhaltung und sein Gang wandelten sich vom Nachlässigen zum Militärischsteifen. Er legte auch mehr Wert auf seine Kleidung als sonst, bevorzugte nun den englischen Gutsherren-Stil, nicht selten mit geschmacklichen Fehlgriffen.

Ich höre ihn noch immer reden, seine kraftvolle, etwas zu tiefe Stimme, sein verändertes Sprechtempo, das oft unvermittelt vom Andante zum Presto wechselte, sein stärker gewordenes Nuscheln. Er genoss es sichtlich, in meiner Anwesenheit lange Monologe zu halten, auf unseren Spaziergängen ebenso wie zuhause. Ich spürte, dass er sich aussprechen musste, er einen Zuhörer brauchte, mit dem er sich verbunden fühlte.

Wenn ich auf ihn einzuwirken versuchte, ihn wegen allzu abwegiger Vorstellungen kritisierte, reagierte er ungewöhnlich harsch, geradezu abweisend. Auch wenn es mir schwerfiel, hielt ich mich zurück, war schließlich fast nur noch Zuhörer oder vorsichtig Fragender, unfähig, ihn auf irgendeine Weise zu beeinflussen. Er wiederholte oft seine für ihn wichtigsten Gedanken, wohl absichtlich, um mich zu überzeugen und vielleicht auch sich selbst. Ich fand bald keine Einstellung mehr zu ihm, schwankte zwischen Besorgnis und Gleichgültigkeit. Ich konnte eigentlich nur noch zuhören.

«Alles klingt. Dinge, Pflanzen, Tiere, Menschen, alles eben. Das ahne ich nicht mehr, Richard, das weiß ich bereits. Ich höre ja auch schon viel mehr davon, was es alles zu hören gibt. Mein Gehör ist noch besser geworden. Was staunst du denn so? Du starrst mich vielleicht an. Ziemlich belämmert. Als hätte ich gerade etwas völlig Verrücktes gesagt. Was ist denn daran so verwunderlich? Richard, denk doch bloß an die alten Griechen und ihre großartige Vorstellung, dass die Himmelskörper Klänge erzeugen, eine vollkommen harmonische Sphärenmusik. Angeblich für den Menschen unhörbar. Für den Normalsterblichen, mit seinen fast tauben Ohren. Ich glaube, dass der antike Grieche, der zuerst darüber philosophierte, auch etwas davon gehört hatte. Warum sollte er es denn sonst behaupten? Oder war es eher eine Hör-Intuition? Ich weiß es auch nicht, ich glaube, keiner weiß, wer zuerst darauf gekommen war. Das ist ja auch unwichtig. Wie gut die Ohren der Griechen gewesen waren, lässt sich heute nicht mehr nachprüfen. Manche hatten vielleicht hoch entwickelte Ausnahmeohren. Ob die alten Griechen oft in der Sonne saßen, zum Himmel blickten und lauschten? Na, was meinst du, Richard? Ich sage dir, die haben bestimmt deswegen die Ohren gespitzt. Kann schon sein, dass einige wenige Griechen Bruchstücke von diesem Sphärenkonzert mitbekamen und davon begeistert anderen erzählten. Sicherlich waren die griechischen Ausnahmeohren bei Weitem nicht so gut wie die besten heutigen Ohren. Ich höre auf jeden Fall besser als jeder alte Grieche. Auch wenn ich noch nichts von dieser Sphärenmusik gehört habe. Aber bald. Warum sollte es sie nicht geben? Ich muss schon sagen, eine ziemlich gewagte Vorstellung. Trotzdem, ich glaube daran. Man müsste seine Ohren wie eine Art Radar auf Hörbereiche einstellen können, die man hören will, die sonst im Alltag nicht zu hören sind, oder nur unterschwellig, vielleicht nur als kaum spürbare Vibrationen wahrgenommen werden. Manchmal merke ich nämlich so etwas. Ganz schwache Vibrationen, nein, eher Hautsensationen, als ob eine zärtliche Hand sanft über meinen Körper streichen würde. Es sind Töne, die für mich nicht klingen, leider nur Schallwellen, die mein Trommelfell noch nicht in Schwingungen versetzen. Viel mehr als früher denke ich jetzt an die Himmelskörper. Ihr wohl himmlisch klingendes Rotieren. Sonne, Erde, Mond, vielleicht ein Terzett, klanglich miteinander verbundene Musikinstrumente, harmonisch aufeinander abgestimmt. Wir sehen sie. Warum sollten wir sie nicht hören können? Sinfonien von anderen Himmelskörpern, Soli von einsamen Sternen am Rande unseres Sonnensystems. Ich glaube, weiter wird nie ein Mensch sein Ohren-Radar auf ferne Objekte einstellen können. Auch ich nicht. Es gibt eben Grenzen. Das ist ganz natürlich. Musikalische Harmonien über uns hoch oben. Himmelskörper, die je nach ihrer Masse und dem Tempo ihrer Bewegungen Schallwellen, also ihre eigene Musik erzeugen. Ein ununterbrochen klingendes Rotieren. Was für Rhythmen dabei wohl erzeugt werden? Welche galaktischen Kompositionen werden fern von uns aufgeführt? Ah, könnte ich doch nur etwas davon mitbekommen! Ein völlig neuartiges Hörerlebnis. Es muss so etwas geben. Ich glaube jetzt fest daran. Wie ich auch, das weißt du ja, an andere Klangwunder glaube, an Hörbereiche, die mir noch verschlossen sind. Aber je mehr ich daran denke, und je mehr ich davon hören will, was es alles zu hören gibt, desto mehr werde ich auch davon hören. Man muss einfach mehr hören wollen, deswegen sein Gehör zu einem hochempfindlichen Instrument machen, es ausreizen, so weit wie möglich. Natürlich braucht man als Grundlage für spätere Hör-Triumphe unbedingt ein Spitzengehör. Sonst kann man sich bemühen, wie man will, man bleibt hörbehindert. Wie der Durchschnitt. Ich werde mein Gehör immer weiter sensibilisieren, gleichzeitig daran mein Gehirn anpassen. Ich entwickle mein Hörvermögen, also auch mein Gehirn selbst weiter. Es ist anstrengend, geistige Schwerstarbeit. Aber was werde ich alles dadurch erreichen. Schon der bloße Gedanke daran macht mich beinahe trunken. Eine neue Klangwelt. Ich erschließe sie mir zuhörends. Ich bin froh, dass ich jetzt ganz allein in der Werkstatt arbeiten kann. Endlich ungestört. Schon immer sind mir die anderen auf die Nerven gefallen. Ich habe viel zu viel von ihnen hören müssen, wenn sie arbeiteten. Vor allem Elmar, der pfiff manchmal. Obwohl ich es ihm strikt verboten hatte. Ein grässlicher Krach. Du hast mich nicht gestört, wenn du mir zugesehen hast. Du warst ja still dabei. Wenn sie nicht von selbst gekündigt hätten, hätte ich sie entlassen. Nach dem Tod meines Vaters bekamen wir ja noch größere finanzielle Schwierigkeiten, als wir sie ohnehin schon hatten. Solange ich mich erinnern kann, krebsten wir finanziell doch nur so herum. Wir wären nach dem Tod meines Vaters unweigerlich Bankrott gegangen. Früher oder später. Dem bin ich zuvorgekommen. Jetzt fühle ich mich wie befreit. Keine Dutzendware mehr, keine preiswerten Stümperfideln mehr, wie sie dieser Halsabschneider aus Mainz immer bei uns bestellte. Mit dem habe ich glücklicherweise nichts mehr zu schaffen. Ich werde nur noch Geigen bauen, die ich respektieren kann, deren Klang mein Ohr nicht beleidigt. Weißt du, Richard, wovon ich mittlerweile überzeugt bin? Alle Geigen, ich sage dir alle, sind noch immer zu leicht. Warum? Weil die meisten Geigenspieler körperlich zu schwach sind. Wie die meisten Musiker. Von alters her hat man Rücksicht auf die Geiger genommen, wollte es ihnen erleichtern, gut zu spielen. Sieh dir doch einmal unsere heutigen Geigenspieler an, auch Virtuosen, wie viele schwächliche Kerlchen sind darunter. Und das ist die Regel. Wir brauchen stärkere Virtuosen und schwerere Geigen. Aber wie schwer dürfen Geigen der Spitzenklasse sein? Eine Wissenschaft für sich. Denn ein bisschen zu schwer, schon fangen sie an zu dröhnen. Ich experimentiere noch. Wie alle guten Geigenbauer. Auch mit der Besaitung. Das bislang verwandte Material ist noch nicht sensibel genug. Die perfekte Geige braucht feinere Nervenstränge für ihren Klangkörper. Ich rätsel noch immer darüber, wie der Klangcharakter einer Geige besser zu beeinflussen ist. Man weiß es erst, wenn die Geige fertig ist. Manche Geigen klingen jugendlicher, heller, auch jubelnder, andere wiederum reifer, verhaltener, dafür aber gleichmäßiger. Kein Qualitätsunterschied. Nur eine Geschmacksfrage. Aber das kann man vorher nicht entscheiden. Wie aber doch? Wie lässt sich, frage ich mich, der endgültige Klangcharakter einer Geige doch frühzeitig beeinflussen, ja bestimmen? Ein äußerst heikles technisches Problem. Ich brauche noch mehr Konzentration und Isolation. Nein, Abgeschiedenheit, das meine ich. Nicht Isolation. Von der vollkommenen Geige einmal abgesehen, schon um eine Meistergeige zu bauen, braucht man viel Geduld und handwerkliche Hingabe. Und was am wichtigsten ist, ein spezielles Gefühl, das Geigengefühl eben. Man muss beinahe selbst zur Geige werden, sich tief in ihr Musik-Wesen versenken. Man muss sie spüren, solange sie noch nicht fertig ist. Ja, man muss mit ihr leben. Je intensiver, desto besser wird ihr Klang. Die perfekte Geige. Vielleicht schaffe ich es. Zumindest eine Geige, die genauso gut ist wie die bislang besten Geigen. Ich werde eine Spur hinterlassen. Die Rondorf-Geige wird es heißen. Aber dafür muss ich noch mehr Klangmöglichkeiten erforschen. Erforschen und erfühlen. Weißt du, Richard, ich beabsichtige auch neuartige Instrumente zu bauen. Technische Schwierigkeiten dürfte ich dabei nicht bekommen. Ich bin ja auch ein recht vielseitiger Handwerker. Familientradition. Alle, fast alle, in unserer Familie waren gute Handwerker. Und musikalisch begabt. Sogar Tante Karin. Die spielte zwar kein Instrument, hatte aber ein erstaunliches Musikgedächtnis. Ist auch schon tot. Leider. Naja. Mir schweben jetzt einige wegweisende Kombinationen vor; von Instrumenten, die es bereits gibt. Sie bieten eine erstaunliche Fülle von Möglichkeiten. Verschiedene Blasinstrumente könnten gut miteinander kombiniert werden, ebenso Streich- Tasten- und auch Schlaginstrumente. Klarinette mit Oboe zum Beispiel oder Geige und Gitarre. Instrumentenehen und Instrumentenkreuzungen. Zukunftsweisende. Richard, stelle dir doch bloß einmal vor, wie fantastisch Klavier und Geige miteinander gekreuzt werden könnten, welche Konzertqualität sich daraus entwickeln würde. Neue Instrumente, neue Klänge, neue Musik. Dazu weiterentwickelte Ohren. Aber das liegt alles noch in der akustischen Zukunft des Menschen. Ich arbeite daran. Und andere sicherlich auch. Man darf sich eben nicht mit dem zufriedengeben, was musikalisch dem Gegenwartsgeschmack dient. Man muss unbedingt weiterdenken, weiterkonstruieren. Und selbstverständlich, das ist eigentlich das Wichtigste, weiterhören. Übrigens, was ich dich noch fragen wollte: Was wäre eigentlich, wenn die Menschen drei oder vier Ohren hätten? Und an jeder Hand nicht fünf, sondern sechs oder sieben Finger? Was würde er dann hören? Welche Musik würde es dann geben?»

Oft kehrte ich nach unseren Begegnungen aufgewühlt nach Hause zurück, konnte nicht abschalten. Seine vielleicht schon vom Wahn befeuerten Vorträge gingen mir nicht aus dem Kopf, prägten sich in mein Gedächtnis ein. Ich wusste, dass er sich verrannte, auf einem höchst gefährlichen Weg befand, doch trotz aller Sorge war ich auch auf eine eigentümliche Weise fasziniert. Eine krause, aber auch märchenhaft schöne

Wirklichkeit, wo die Fantasie Wünsche erfüllt, fern ab von den ernüchternden Ebenen der Norm. Darin fühlte er sich wohl wie in einem Kokon. Er konnte vermutlich nicht länger ertragen, ein bedeutungsloser Mensch zu sein. Sonst wäre er verkümmert, hätte sich aufgegeben. Er rettete sich in seine akustischen Hirngespinste. Ich nahm an, dass er in einen verlockenden Sog geraten war, auf den auch andere zutreiben, wenn lieb gewonnene Einbildungen bei ihnen übermächtig werden. Und nicht abwegig war mir die Vorstellung, dass auch mir so etwas passieren könnte.

Unsere Gespräche verliefen in den letzten Wochen, in denen ich mit ihm zusammen war, immer einseitiger. Ich redete nur noch wenig, konnte ihn kaum noch mit meinen Worten erreichen. Es schien ihm immer schwererzufallen, mir zuzuhören. Ungeduldig unterbrach er mich meistens schon nach wenigen Sätzen. Als würde ich ihn dabei stören, mir zu sagen, was ihn bewegte.

Wenn er monologisierte, sah sein blasses Gesicht erhitzt aus, seine Augen leuchteten, fahrige Gesten begleiteten seine Sätze. Es sprudelte förmlich aus ihm heraus, ein Mitteilungsdrang, den er nicht mehr eindämmen konnte. Er wurde von Spekulationen mitgerissen, die zu seinem Lebensinhalt geworden waren. Dagegen verblasste alles andere. Wie hätte ich ihn noch mäßigen können?

Wolfgang zerbrach sich auch den Kopf über die Leistungsfähigkeit seines Gehörs, auf das er stolz war, und das er noch in unermessliche akustische Weiten steigern wollte.

Von Ohrenärzten, die er schon nach kurzer Zeit wechselte, hatte er erwartet, dass sie ihm den medizinischen Beweis für sein Ausnahmegehör lieferten. Er wurde aber jedes Mal von ihren Diagnosen enttäuscht.

Als ich im Sommer nach einem schweren Gewitter in seiner

Werkstatt neben einem halbierten Klavier saß und ihm wieder einmal ebenso gebannt wie bestürzt zuhörte, ging er aufgeregt vor mir auf und ab. Wie auf einer Bühne gestikulierte er dramatisch. Er ließ sich in seinem Redefluss nicht mehr unterbrechen.

«Ich versteh's einfach nicht. Was sind das bloß für Ärzte! Beschränkte Banausen. Ich bin enttäuscht. Gestern war ich beim Ohrenarzt. Ich habe mein Gehör wieder testen lassen. Aber dieses Mal war ich bei einem anderen Ohrenarzt, Doktor Ringswandl. Ein komischer Name, klingt wie ein Traktor. Zu Doktor Emmrich gehe ich nicht mehr. Ein unfreundlicher Kerl, kann ich dir sagen. Aber egal. Mein neuer Ohrenarzt ist angeblich auch eine Koryphäe. Ich habe mehr von ihm erwartet, modernere Messmethoden. Seine kannte ich schon von Doktor Emmrich. Anscheinend sind die Ohrenärzte noch nicht so weit. Ich habe das absolute Gehör, sagte ich zu ihm, nachdem er mich untersucht hatte. Das sei ja eine außergewöhnliche Gabe, falle jedoch nicht in seinen Bereich. Mit seinen Geräten könne er darüber keine Aussagen machen. Die seien nicht auf das Musikalische bezogen. Es gehe dabei nur um das messbar Medizinische. Er hat mich angesehen, als wäre das absolute Gehör ein Spleen. Wohl ein Musikbanause. Wie Doktor Emmrich. Vielleicht ist er auch neidisch. Weil er ein viel schlechteres Gehör als ich hat. Natürlich bestätigte er mir, was ich sowieso schon längst wusste: Mein Gehör sei hervorragend, selten gut. Aber was heißt das schon? Das reicht mir natürlich nicht. Sensationell müsste er doch sagen. Denn ich spüre dieses Sensationelle ja schon heute. Aber das können diese Hornochsen leider nicht feststellen. Wie soll ich denn jetzt wissen, wie gut mein Gehör tatsächlich ist, wie sensationell? Darüber will ich Aufschlüsse bekommen. Alles andere enttäuscht und verärgert mich. Eigentlich sollte ich gar nicht mehr zum Ohrenarzt gehen, solange die solche vorsintflutlichen Analysegeräte haben. Musikalische Klangspektrometer oder so etwas Ähnliches brauchen die Ohrenärzte. Das müsste es doch bald geben. Dann werden sie über mein Gehör staunen und sagen: Sensationell, wirklich sensationell. Es würde dann in Fachzeitschriften veröffentlicht. Ich wäre eine Berühmtheit, auch unter Ärzten. Wolfgang Rondorf, der Mann mit dem phänomenalen Super-Gehör. Ich würde mich darüber freuen. Aber das ist mir noch nicht vergönnt. Ich kann warten. Muss es. Man achtet Gehörleistungen viel zu wenig. Das wird sich bald ändern. Ich werde mein Gehör weiter trainieren. Noch mehr verfeinern. Du weißt ja, ich bin ein leidenschaftlicher Ohrenmensch. Ein Gehör-Virtuose. Bestimmt der einzige weit und breit. Und dafür muss ich auch diszipliniert leben. Auf vieles achten. Auf immer mehr. Hör-Diäten werde ich jetzt strikt einhalten. Kein Radio, kein Fernsehen. Damit würde mein Gehör nur überfüttert. Ich will keinen Verkehrslärm hören. Und keine Gewitter. Aber das ist fast unmöglich für mich. Bei Gewitter, Gift für meine Ohren, gehe ich jedes Mal in den Keller, wie heute Mittag mit Ohrenstopfen, höre aber auch dann leider noch immer zu viel. Ich hasse Gewitter. Überhaupt jeden Lärm. Mein Gehör muss geschont werden. Wie eine virtuose Stimme. Nein, mehr. Sonst lässt es in seiner Leistungsfähigkeit rapide nach. Ich nehme jetzt auch Multi-Vitamin-Präparate ein. Und ich ernähre mich nur noch biologisch-dynamisch. Nur aus kontrolliertem Anbau. Viel frisches Obst, Salat und Gemüse. Eine vorzügliche Gehör-Nahrung. Ich muss einfach noch mehr aus meinem Gehör machen. Das absolute Gehör allein reicht natürlich nicht. Es muss ein absolutes Empfangs-Instrument für alle möglichen Klänge werden. Verstehst du, Richard? Ein Ohren-Radar. So wie ein Mikroskop erst neue Sehbereiche erschließt, so erschließt auch ein weiterentwickeltes, höchst empfindliches Gehör neue Hörbereiche. Das ist ja wohl naheliegend, oder? Was für Klangdestillate gibt es wohl, welche musikalischen Quintessenzen? Kann das Wesentliche eines Klangspektrums hörbar werden? Ideal wäre eine menschlich-tierische Hörvereinigung. Wenn ich an das Hörvermögen von manchen Tierarten, Fledermäusen zum Beispiel, denke, dann wird mir ganz schwindlig. Was für Möglichkeiten! Aber davon will ich gar nicht zu träumen anfangen. So etwas wird sich wohl nie herausentwickeln. Bleiben wir besser bei meinen Ohren. Die sind bereits eine Klasse für sich, nicht wahr? Weißt du, Richard, manchmal ist es für mich auch ein Fluch derart empfindliche Ohren zu haben. Und sie werden von Tag zu Tag empfindlicher. Das habe ich vorgestern wieder zu spüren bekommen. Bei Anette, du kennst sie, mein Betthaserl, dann und wann. Sie nimmt es glücklicherweise nicht so genau mit ihren Liebhabern. Wenn ich will, will sie auch. Ganz praktisch. Sie ist dicker geworden. Sie muss als Kellnerin zu viel mittrinken. Aber egal. Ich versinke gern in ihrem Körper, wenn mir danach ist. Er erinnert mich wegen seiner ausladenden Formen immer an einen Kontrabass. Wirklich empfehlenswert. Nun, was ich sagen wollte, Richard: Sie singt gern, hat eine unausgebildete, aber für mich dennoch angenehme Altstimme. Bis vorgestern. Sie hat früher im Kirchenchor gesungen. Etwas Heiteres ging immer von ihrer Stimme aus. Sie singt am liebsten Volkslieder. Ich habe sie jedes Mal, wenn ich bei ihr war, gebeten, mir irgendein Volkslied vorzusingen. Meistens danach. Auch vorgestern. Ich lag noch in ihrem Bett, als sie mir wieder etwas vorsang. Ich habe mir die Ohren zuhalten müssen. Es war entsetzlich. Sie war über mein Verhalten sehr erschrocken. Aber ich musste sie anschreien. Hör auf damit! Hör endlich auf damit!, habe, ich sie angeschrien. Ich wäre am liebsten aus dem Zimmer gestürzt. Aber ich war noch ganz nackt. Das hätte einen ordentlichen Skandal gegeben. Zum ersten Mal habe ich ihre Stimme richtig gehört. Weil meine Ohren empfindlicher geworden sind. Einen verräterischen Klang habe ich herausgehört. Eine Art heuchlerischen Schmelz. Ekelhaft, sage ich dir. Ich bin erst zuhause darauf gekommen, was es genau war. Schon immer hatte sie wohl so gesungen, aber es hatte mir nichts ausgemacht. Bis vorgestern. Ihre Stimme hatte ein abstoßendes lithurgisches Vibrato. Als wäre sie noch immer im Kirchenchor. So klang es urplötzlich. Und das war für mich schlichtweg unerträglich, wie du gewiss gut verstehen kannst. Und noch etwas ist mir bei ihr zum ersten Mal aufgefallen. Ihre Stimme, wenn sie redete, schien mir zu zwitschern. Aber das machte mir nichts aus. Ich hörte es ja gern. Seltsam. Ich glaube, die meisten Frauenstimmen haben sowieso etwas von einem Zwitschern. Männerstimmen kann ich immer weniger ertragen, schon seit Längerem. Sie sind mir zu laut. Und, wenn ich genau hinhöre, lärmen sie wie Gebrüll oder Röhren. Manche Männerstimmen fauchen auch grausig. Deine Stimme, Richard, finde ich noch einigermaßen erträglich. Du hast einen ziemlich gebrochenen Tenor. Was soll's. Ich wünsche mir innere Klappen für meine Ohren, die sie, wenn ich es will, verschließen, dicht verschließen, vor Ohrenpein abschotten. Wie Augenlider, die man schließen kann, wenn man nichts mehr sehen will. Ohrenlider gegen marternde Ohrenpein, die fehlen mir. Wenn Menschen laut lachen, könnte ich sie prügeln. Ich bekomme Ohrenschmerzen davon. Ich muss mich noch besser vor gemeinem Lärm und hässlichen Geräuschen schützen. Ich weiß nur nicht, wie. Das ist ein großes Problem für mich. Oft sehne ich mich nach Stille. Nach dem Schweigen. Das Schweigen hat so einen beruhigenden Klang für mich. Glaube mir, Richard, auch das Schweigen ist hörbar. Weil es nichts Unhörbares gibt. Um das Schweigen zu erfahren, gehe ich in den Wald. Oder in den Keller. Das Schweigen ist etwas ganz anderes, als man gemeinhin glaubt. Das Schweigen klingt. Es ist das fließende Gleichmaß der Stille in Moll. Ich höre es immer deutlicher. Auch die Variationen dabei. Manchmal habe ich den Eindruck, als würde ich im Schweigen Pastellfarben hören. Sehr fein aufeinander abgestimmt. Beim Schweigenhören emigriere ich jedes Mal nach innen, ein außergewöhnlich intensives Erlebnis für mich. Nicht selten gerate ich dabei in eine stille Ekstase. Glaube mir, es gibt wirklich herrliche Klangfarben des Schweigens.»

Ob ihn mehr seine Hör-Sensationen oder seine Instrumenten-Entwürfe auf den Abgrund zutrieben, kann ich nicht beurteilen. Wenn ich bei ihm war, wechselte er oft zwischen den beiden Bereichen, in denen er sich verlor und fand, hin und her. Ich glaube, dass es für ihn keine geistigen Ruhezeiten mehr gab, in denen sich sein überanstrengtes Gehirn hätte erholen können. Er schien dauernd mit seinen wunderlichen Vorstellungen beschäftigt zu sein, die auf ihn wie eine immer stärkere Droge einwirkten. Wenn es nicht die Symptome seiner geistigen Verirrung gewesen wären, hätte ich sie wie zauberhafte Imaginationen eines Künstlers genießen können. Wirklichkeitsfern, aber auch sehr reizvoll.

Ich erinnere mich noch gut daran, wie wir an einem schönen Herbsttag in seinem Garten vor den großformatigen Papierbögen standen, die er auf dem Rasen ausgebreitet hatte. Stolz zeigte er mit energisch tippendem Zeigefinger auf die Konstruktionsskizzen, die überraschend genau gezeichnet waren.

«Meine Windharfe macht Fortschritte. Gut, dass ich mich für Eichenholz entschieden habe. Es ist viel stabiler als Kiefernholz. Meine Windharfe wird jetzt doch fünfeinhalb Meter hoch. Als Saiten nehme ich Kupferdraht. Es wird sicherlich schwierig, sie zu stimmen. Vielleicht mache ich es bei Windstille oder bei schwachböigem Wind. Ich weiß es noch nicht. Auf jeden Fall werde ich sie gen Westen richten. Du weißt, ich liebe Windklänge, vor allem von Bäumen. Herrliche Naturmelodien, weithin hörbar. Meine Windharfe wird mir zusätzliche Hörgenüsse verschaffen. Und ein weiteres Naturklang-Instrument, nämlich meine Regenohrenmuschel wird auch bald fertig sein. Pläne dafür habe ich schon ausgearbeitet. Sie wird niedriger als die Windharfe. Etwa vier Meter hoch und besteht nur aus Zinn, der spiralig gedreht wird und sich nach oben als Schalltrichter zu einer Art Ohr verbreitert, das aber auch vieles von einer Muschel hat. Eine Ohrenmuschel eben. Klänge, die der Regen erzeugt. Bei Schauerwetter erwarte ich Klänge im Appassionata, wenn es nieselt im Andante. Die Regenohrenmuschel werde ich in südöstlicher Richtung platzieren. Oder doch südwestlicher. Beide Instrumente werden dann, je nach Witterungslage, alleine oder zusammen spielen. Von selbst, ohne dass ein Mensch erst den Klang erzeugen muss. Was für Variationen dann meine beiden Naturklang-Instrumente spielen werden! Stelle dir doch einmal vor: schwacher Wind und leichter Regen. Oder Sturm und Schauer. Oder böiger Wind und typischer Landregen. Und andere Witterungslagen. Ob neuartige Musikinstrumente, Naturklanginstrumente, oder reines Hören, wie du siehst, Richard, ich bin dauernd beschäftigt. Am wichtigsten ist mir selbstverständlich das reine Hören, das Empfangen von Klängen aus einer ganz außergewöhnlichen Welt, in die ich immer tiefer eindringe. Mein Gehör ist ein Naturgeschenk. Meine größte Gabe. Ich komme damit dem Inneren der Natur näher. Eine große Dankbarkeit für die Natur erfüllt mich. Was wäre ich denn ohne mein fabelhaftes Gehör? Bloß ein unglücklicher Instrumentenbauer. Mehr nicht. Mein Gehör hat mich zu einem leidenschaftlichen Ohrenmenschen gemacht, Glückszustände erzeugt, auf die ich nicht mehr verzichten könnte. Übrigens, ich werde im Herbst, etwa eine Woche nach deinem Österreichurlaub, auch ins Hochgebirge reisen, aber in die Schweiz. Dort will ich versuchen, herauszuhören, wie Gletscher klingen. Vermutlich völlig anders als diese Hügel hier. Wenn sie wie jetzt in der Sonne liegen, klingen sie bei genauem Hinhören wie eine barocke Suite. Der Gletscherklang müsste sinfonischer sein, geprägt von kristallinen Melodien und tektonischen Grund-Rhythmen. Oh, Richard, wie ich mein Gehör liebe! Ich bin kein Narr, glaube das bloß nicht. Für dich muss das alles fremd bleiben. Weil du nicht so ein Ohreninstrument besitzt wie ich, kein Gehör mit Super-Sensoren. Eine höchst seltene Gabe. Weißt du, was ich glaube? Bin erst gestern darauf gekommen. Warum eigentlich nicht eher? Ich glaube, dass jeder Mensch einen inneren Klang hat. Alles andere wäre doch verwunderlich, nicht wahr? Aber nur die wenigsten können ihn hören. Ich bin noch nicht soweit. Ich spüre meinen inneren Klang schon, ja, ahne ihn, höre ihn jedoch noch nicht. Aber bald. Meinen persönlichen Klang. Meinen eigenen Klangcharakter. Doch das ist ja noch längst nicht das Wichtigste, Klanghöchste für mich. Ich habe es zwar noch nicht gehört, aber es ist schon mehr als eine Ahnung, ja, ich weiß es bereits. Es ist das Optimum aller Klänge. Zum Optimum will ich mich hinhören. Ich bin ja bereits auf dem richtigen Weg. Ich muss weiter daran denken, mich darauf konzentrieren, mit meiner ganzen Wahrnehmungskraft, denken, dass ich es unbedingt hören will. Ja, Richard, das Hörenwollen führt erst zum Mehrhörenkönnen. Dafür muss ich mein Gehör weiterhin bis zum Äußersten treiben. Zur Höchstsensibilität eben. Eine ungeheure Anstrengung. Aber was für ein Gewinn erwartet mich! Denn dann erfährt mein Gehör seine eigentliche Bestimmung. Dann lässt es mich endlich die zentralen Grundklänge hören. Eine Klangoffenbarung für mich. Dann ist es die Natur selbst, die aufklingt. Das wahre Klangzentrum. Hoffentlich kann ich das noch erleben, hören. Die Natur selbst muss wunderbar klingen. Eine unfassbar schöne Musik. »

Monatelang schien er mir in einem Schwebezustand zu verharren, gezeichnet zwar, aber noch immer normal genug, um seinen Alltag bewältigen zu können. Wann er seine Grenze zum Wahn endgültig überschritt und er ein medizinischer Fall wurde, ob ein plötzlicher Schub ihn mitriss oder ob es sich steigernde Übergänge gab, entzieht sich meiner Kenntnis. Es fällt mir jetzt ohnehin schwer genug, zu begreifen, was mit ihm passiert ist.

War es ein schleichender, möglicherweise doch unaufhaltsamer Prozess gewesen, der ihn immer mehr gefangen nahm? Es kann sein. Aber was sagt mir das schon?

Ich muss oft an ihn denken, sehe ihn vor mir, höre ihn. Als wäre ich mit ihm gestern noch zusammen gewesen. Ein Verlust, der mir jetzt immer bewusster wird. Ich habe es nicht verhindern können. Ich versuchte es, aber ich scheiterte kläglich dabei, seinen Geisteszustand zu stabilisieren. Ich konnte ihm einfach nicht helfen. Manchmal hatte ich den Eindruck, als würde ich bei ihm alles falsch machen.

Wolfgang veränderte sich zusehends. Freunde und Bekannte stieß er ohne ersichtlichen Grund vor den Kopf, als würde es ihm eine besondere Freude bereiten. Er konnte aber auch, was seltener geschah, eine übertriebene Herzlichkeit zeigen. Er lehnte es ab, weiter in unserem Quartett mitzuspielen, weil kein Ton von uns rein gespielt würde. Alles klänge falsch, wäre schlecht für seine Ohren. Im Übrigen wolle er sowieso nur noch für sich alleine spielen, ohne Zuhörer, die ihn wegen ihrer lauten Atemgeräusche stören würden.

Seine Geräusch-Überempfindlichkeit, die ihm bereits in seiner Kindheit zu schaffen gemacht hatte, wurde krankhaft. Die menschliche Stimme, auch seine eigene, bekam für ihn eine Lautstärke und einen Klang, die ihn, so nannte er es, folterten. Man musste bei ihm sehr leise sprechen. Einmal fragte er mich nach der Definition des Menschen und antwortete, traurig lächelnd, selbst: Der Mensch ist laut. Manche Vogelstimmen waren ihm nur noch ein Gräuel, andere liebte er, besonders die Blockflötenlaute des Kuckucks.

Er begann sich von der Klassik abzuwenden, sie sei ihm zu vertraut, überrasche ihn nicht mehr. Nur wenn sie virtuos gespielt werde, dann sei sie für ihn noch immer ein echter Hörgenuss. Sie rühre ihn dann auch wegen ihrer klaren, bewegenden Weisen, die nach seiner inneren Heimat klängen. Das spüre er ganz besonders bei Bartoks Violin-Duos.

Die Konstruktion der perfekten Geige war für ihn unwichtig geworden. Er habe es aufgegeben, wolle nur noch neue Instrumente erfinden und konstruieren. Zuerst nahm er bloß leichte Abwandlungen vor, dann gravierende.

Instrumentale musikalische Befruchtungen, neue, geradezu revolutionäre Instrumentenkreuzungen seien erforderlich, müssten endlich vorangetrieben werden. Neue Instrumente, neue Klänge, neue Musik, meinte er.

Die Instrumente, die er noch baute, waren zwar spielbar, musikalisch jedoch unergiebig, klangen enttäuschend, seine quäkende Saxofon-Trompete ebenso wie seine dröhnende Geigen-Gitarre. Für ihn waren es schon musikalisch fortgeschrittene Instrumente, die, wenn man nur genau hinhörte, neue Klänge hervorbrächten. Er konstruierte auch eine Windharfe und eine Regenohrenmuschel, die er auf dem Rasen immer wieder neu zueinander anordnete. Für das Auge interessant, als hätte ein Bildhauer sich an Klangkörpern versucht, aber für das Ohr kein Genuss. Die Windharfe klang mit ihrem mehr oder minder starken Sirren eher wie eine kraftlose Sirene, und die Regenohrenmuschel ähnelte dem Rauschen im Kurzwellenbereich. Er jedoch war von beiden Instrumenten begeistert, saß oft genau in der Mitte zwischen ihnen und hörte bei allen Witterungslagen, bei Sturm ebenso wie bei Regen, ihrem für andere wenig abwechslungsreichen Spiel zu. Ein Naturklang-Duo, wie er sagte, das ihm ganz außerordentliche Konzerte biete, nie geübt habe, sofort eingespielt sei. Es gebe zauberhafte Klangfolgen, auch atemberaubende Tempowechsel und bei böigem Wind und Regen oft einen beinahe ätherischen Naturgesang. Bessere Instrumente habe er bisher noch nicht konstruiert. Doch ich wisse ja, dass er sich mehr noch für die Klänge hinter allen Klängen interessiere, die ohne Hilfsmittel erzeugten Klänge, eben unmittelbar von selbst klingende Klänge. Das seien unvergleichliche Hörgenüsse. Dann erlebe er reines Hören. Wolle er zum Beispiel einen schönen Baum hören, dann versenke er sich in diesen Baum und schon bald erklinge er für ihn. Fichten hätten den schönsten inneren Klang, erhabene As-Dur-Soli. Das sei für ihn gar nicht verwunderlich, weil sie ja ohnehin das musikalischste Holz für den Geigenbau hätten. Schön höre es sich auch an, wenn er an frisch gepflügten Äckern vorbeigehe, erdige Rhythmen begleiteten ihn dann. Und er liebe es, sich freiliegendes Felsgestein anzuhören, kristalline Fugen, als seien es Urklänge. Manchmal frage er sich, wie er hören würde, wenn er blind wäre, ob er dann noch besser hören, seine Wahrnehmungskraft sich noch intensiver auf das Hören konzentrieren würde. Aber das sei bloß ein Gedankenspiel von ihm. Er könne ja die Augen schließen und selbst entscheiden, ob er, wenn er hören wolle, auch weiter sehen wolle. Er sei noch immer unzufrieden mit seinen Hör-Leistungen. Er wolle mehr hören, mehr Unbekanntes. Als leidenschaftlicher Ohrenmensch suche er im Grunde dauernd nach neuen Klanggenüssen, könne sich nur schlecht damit abfinden, dass noch viele Klangbereiche für ihn verschlossen blieben. Er müsse sein Gehör weiter verfeinern, zur Höchstsensibilität treiben.

Nicht nur sein Gehör, auch er selbst schien immer empfindlicher zu werden. Menschen mied er. Sie würden ihn nur stören, wären ebenso gemein wie laut. Er könne nur noch wenige Menschen um sich herum ertragen, aber nicht lange, er habe keine Zeit zu verlieren, sei am liebsten allein.

Außer mir kümmerte sich um ihn sein Onkel Elmar, der vor Monaten erbost gekündigt hatte, weil Wolfgang den Familienbesitz in den Ruin treibe, ihm jetzt aber mit einer erstaunlichen Selbstverständlichkeit zu helfen versuchte. Und Gaby Bieler besuchte ihn jetzt so oft, wie er es zuließ. Sie erledigte dann für ihn die alltäglichen Dinge des Lebens, die er als Zeitfresser nur noch verabscheute. Sie war eine etwas altjungferliche, ehemalige Musikschülerin von ihm, die ihn lange Zeit wegen ihrer schwärmerischen, hoffnungslosen Liebe amüsiert und belästigt hatte und ihn nun aus tief empfundenem Mitleid, wie sie mir sagte, nicht im Stich lassen wollte.

Seine Stimmungsschwankungen uns gegenüber wurden krasser. Schroffheit und Herzlichkeit konnten innerhalb kürzester Zeit scheinbar grundlos miteinander abwechseln. Seine Hör-Einbildungen nahmen zu. Manchmal, wenn wir beide allein waren, weinte er. Ich verstand zunächst nicht, warum, er weigerte sich, es mir zu sagen. Dann aber, als er wieder einmal zu weinen begann, erklärte er es mir. Es sei überhaupt nichts Schlimmes, im Gegenteil, nur falle es ihm schwer, darüber zu sprechen. Wenn ich da sei, und er zu weinen beginne, dann klinge seine Kindheit wieder auf. Es höre sich an wie ein Kinderlied, das ein kleines Mädchen ganz leise singe, immer das gleiche. Er könne nicht verstehen, was sie singe, aber die Melodie und die feine Stimme seien sehr schön, traurigschön wie längst vergangenes Glück. Es greife ihn ans Herz, wecke Erinnerungen, er sehne sich dann nach seiner Kindheit zurück, was ich doch wohl gut verstehen könne.

Ich antwortete darauf nur mit einem ratlosen Ja. Schon längst hatte ich es aufgegeben, ihn zu mäßigen. Bekümmert musste ich weiter zusehen, wie er in einen gefährlichen Strudel geriet. Er merkte es nicht, schien so glücklich wie noch nie.

Einige Tage vor meiner Abreise nach Österreich, wo ich einen dreiwöchigen Hochgebirgsurlaub gebucht hatte, sagte er mir mit strahlendem Gesichtsausdruck, dass sich schon bald der Sinn seines Lebens erfülle. Er nähere sich zuhörends seinem Ziel, das ich ja bereits kennen würde, sogar schneller als er zu hoffen gewagt habe. Denn bislang Ungehörtes klinge jetzt für ihn viel häufiger als sonst auf, und auch viel klarer. Untrügliche Zeichen dafür, dass er mit seinem Gehör für die Klänge bereit sei, die zu empfangen, das Höchste für ihn sei. Es seien die von ihm schon lange erahnten Zentralklänge, reine Musikwunder, die sich ihm dann endlich offenbaren würden. Auf diese bestimmt unfassbar schönen Klänge warte er jetzt sehnlichst.

An eine sprunghafte, dramatische Verschlechterung von Wolfgangs Geistesverfassung hatte ich damals nicht gedacht. Zwar befürchtete ich manchmal das Schlimmste, aber ich rechnete nicht damit. Es gab für mich keinen Grund, meine Reise zu verschieben. Ich brauchte auch Abstand von ihm.

Es war ein schöner Sommernachmittag. Wir hatten in seinem Garten zusammengesessen, er war ziemlich schweigsam gewesen, hatte nur kurz darüber gesprochen, dass er schon seit mehreren Nächten daran arbeite, ein Geigenklavier oder eine Klaviergeige zu konstruieren; er habe sich noch nicht endgültig entschieden. Nachdem ich mich von ihm verabschiedet hatte, sah ich mich einige Schritte später noch einmal nach ihm um. Mich beachtete er nicht mehr. Er hatte sich wieder auf den Stuhl gesetzt, der in der Mitte des Rasens, seinem Lieblingsplatz, stand. Regungslos, aufrecht, mit vor der Brust verschränkten Armen und geschlossenen Augen, saß er da und schien sich wieder ganz auf für mich unhörbare Klänge zu konzentrieren.

Als ich aus Österreich zurückkehrte, hatte man ihn bereits in die Psychiatrische Anstalt Maiberg eingeliefert. Ich war völlig überrascht, beinahe schockiert. Zwar hatte ich mir über seinen Geisteszustand Sorgen gemacht, normal konnte er sicherlich nicht mehr genannt werden, aber er hatte die Grenze zum Wahnsinn noch längst nicht überschritten. Ich wollte es nicht wahrhaben. Wolfgang geisteskrank? Vermutlich unheilbar? Alles nur Ausgeburten einer krankhaften Fantasie? Diese abwegigen, doch auch ins Wunderbare zielenden Vorstellungen, die mich auf eine eigenartige Weise fasziniert hatten? Er, nur noch ein klarer Fall für die Psychiatrie? In einer Anstalt eingesperrt? Das sollte sein Schicksal sein? Auf diese Weise durfte er doch nicht enden. So nicht. Was passiert war, konnte ich nicht fassen. Sein Verschwinden hinter Anstaltsmauern war für mich ein schmerzhafter Verlust. Ich wusste nicht, warum, aber ich fühlte mich mitschuldig.

Trotz aller Auffälligkeiten war er für mich auch bei unserer letzten Begegnung vom Wahnsinn noch immer weit genug entfernt gewesen. Er hatte sich zwar in Einbildungen verirrt, war aber keineswegs verrückt, jedenfalls nicht verrückter als viele andere, die ein scheinbar normales Leben führen. Doch irgendetwas musste mit ihm während meiner Österreichreise passiert sein; sonst wäre es nicht zu dieser dramatischen Zuspitzung gekommen. War es ein plötzlicher Schub von berü-

ckend schönen Fantasien, die ihn in den Wahnsinn lockten und von dort nicht mehr zurückkommen ließen? Vielleicht eine geistige Heimat für ihn?
Ich habe ihn nie wiedergesehen, konnte mich nicht dazu überwinden, ihn in der Psychiatrischen Anstalt Maiberg zu besuchen, weil ich befürchten musste, davon zu sehr berührt zu werden. Fast zwei Jahre nach seiner Einlieferung ist er dort an den Folgen eines Treppensturzes gestorben.

Das Stöhnen

Es war bei ihm von Anfang an leise erst dann lauter je länger er sich bewegte ich hörte es beachtete es kaum es ist anstrengend dachte ich zuerst deswegen atmet er so wie er seinen Körper fordert braucht viel Luft muss mehr atmen geht nicht anders es störte mich nicht was er mimte gefiel mir der Marionettenmensch besonders von unsichtbaren Fäden bewegt auch sein Spiel mit dem Spiegel großartig dachte ich er braucht keine Worte sein Körper reicht ich verstand was er zeigte viel Applaus ich klatschte mit war begeistert fast ausverkauft die Vorstellung blieb sitzen diese stumpfsinnigen Theaterpausen eine störende Unterbrechung unnötig ich schlug das Programmheft auf vorher keine Zeit kam zu spät er hatte schon begonnen erst jetzt las ich darin was er schon gezeigt hatte noch zeigen würde ein schöner Abend dachte ich froh ein guter Ausgleich der Tag war schwer genug eine Erholung aber dann es stand in seinem Lebenslauf erst jetzt las ich es konnte ich es wissen taub seit seiner Geburt ich spürte Schwere alles anders mit einem Mal betrübt dachte nur noch daran jetzt verstand ich deswegen sein Atmen er kann es nicht hören nur fühlen dieses Einatmen dieses Ausatmen nicht zu kontrollieren für ihn nie einen Ton gehört die Welt stumm keine Musik Ohren ohne Gehör schlimm trotzdem nicht aufgegeben noch Kraft genug hat sich ausbilden lassen kein leichtes Leben noch etwas Sinnvolles geschafft sehr willensstark gibt ja auch blinde Klavierstimmer ich war beeindruckt taub geboren heute ein bekannter Pantomime Balsam für ihn doch dann schon nach kurzer Zeit ich hörte es wieder dagegen hilft keine Pause erst leise dann lauter je länger er sich bewegte je mehr er mimte dieses Einatmen dieses Ausatmen nur noch darauf achtete ich es begleitete ihn auf der Bühne rhythmisch nicht zu verhindern für ihn unhörbar er weiß es taub schweres Leben wie hält er das aus lebenslang gezeichnet trotz aller Kunst was hat er davon sicherlich seine Zuflucht ob er auch stumm ist kann sich ja nicht hören spricht nur mit seinem Körper stumm weil taub das ganze Leben taubstumm nur noch Körpersprache redet mit Bewegungen sonst bewegen sich Stimmbänder kann sich nur so ausdrücken seit seiner Geburt wo immer er auch ist lautlos das ganze Leben taubstumm oder bleibt die Stimme kann sein Stimmschulung für Taube müsste so etwas geben kenne mich da nicht aus was denke ich überhaupt was soll das alles was geht das mich an habe mich auf den Abend gefreut jetzt das hier ein tauber Pantomime laut atmend dauernd kann es nicht kontrollieren er hört es nicht ich will es nicht mehr hören es stört mich verdirbt alles hat mit Pantomime nichts zu tun dachte ich wie laut es ist dieses Atmen alle können es hören irre mich nicht sitze ganz vorne warum tritt er eigentlich auf vom Leben geprügelt will sich behaupten sollte sich besser zurückziehen nicht damit auftreten es stört mich atmet zu laut aber weit damit gekommen mehrfach ausgezeichnet seine stumme Kunst notgeboren hat etwas daraus gemacht der Herr Pantomime Einmannshow beherrscht nur sein Atmen nicht geschickt aufgebaut das Programmheft schönes glattes Papier Mitleid ist eingeplant er kann damit rechnen das wirkt bestimmt der Ärmste aber bei mir nicht mehr es reicht mir dieses Geatme wie massig sein Körper ist gedrungen zu kurzer Hals schwitzt wohl immer schnell wie er sich abrackert der Herr Pantomime soll es sein lassen diese albernen Verrenkungen was will er damit zeigen nur Körpersprache beschränkt sich darauf ist mir zu wenig Worte sagen mehr ist nicht zu vergleichen Schauspieler sind mir lieber wie viel sie können müssen setzen alles ein natürlich auch ihre Sprache vielleicht am wichtigsten gut ausgebildete Stimmen höre sie gern großartige Texte unvergessliche Sätze Gespräche die mitreißen voller Bedeutung muss alles gesagt werden was Menschen bewegt wie sie denken das spricht mich an aber hier kein Wort dieser taube Mann wenige Meter vor mir stumm auf der Bühne stöhnt aber dabei was denken die Leute bloß unwichtig für sie stört sie nicht gehen darüber hinweg überhören es haben sich blenden lassen beste Unterhaltung für sie bewundern ihn bestimmt ein prämierter Pantomime hat's auch nötig wie sie alle geklatscht haben vorhin ich auch er konnte es nicht hören stumm für ihn konnte es nur sehen das Bewegen unserer Hände eine Pantomime für ihn Sachen gibt's schon komisch keine Ahnung vor der Pause aber jetzt ich weiß Bescheid werde nicht mehr klatschen alle wissen es hier spätestens seit der Pause der Raum ist nicht groß ein Theaterstudio alle können es hören dieses Einatmen dieses Ausatmen ist schon wieder lauter geworden stört mich dieses Geschnaufe was er mimt strengt ihn an braucht immer mehr Luft bei Fischen ganz anders wenn sie aus dem Wasser sind reißen ihr Maul auf sperrangelweit als fehlte ihnen die Luft ersticken aber an ihr verrückt was denke ich bloß macht mich nervös dieses verdammte Atmen von ihm natürlich weiß er es kann nichts dagegen machen unmöglich für ihn wie wird er mit allem fertig kann Hilfe gut gebrauchen kein Problem wird wohl getröstet hat einen Mitleidsbonus irgendeine Frau an seiner Seite würde mich nicht wundern jeden Tag umsorgt kann sich darauf verlassen alles wie gehabt Mann braucht Frau ist leicht zu finden dann stets bereit Frauenweich kommt sogleich immer das gleiche Männer wie viele ich schon geschaukelt habe zu gutmütig nichts davon gehabt wurde nur ausgenutzt selber schuld es reicht mir ist vorbei so dachte ich noch er zeigte weiter was er konnte gefiel mir nicht mehr notgeborene Kunst doch dann es veränderte sich ich merkte es hörte es war kein Atmen mehr für mich etwas anderes klingt mühsam muss sich viel bewegen ist anstrengend was ist das seltsam hört sich eher an wie Stöhnen schweres kaum zu beherrschendes Stöhnen nein das ist kein Atmen Stöhnen ist es bei ihm jetzt erst begriff ich es ja er stöhnte es war nicht zu überhören ganz deutlich alle mussten es hören dieses Stöhnen in diesem Raum hört ihr es denn nicht dieses schwere Stöhnen seid ihr etwa taub es ist schrecklich dachte ich Sprache seines Leids er kann es nicht unterdrücken für ihn unhörbar keine Kontrolle darüber kann es nicht verhindern je länger er sich bewegt umso lauter dieses Stöhnen auch Atmen bei ihm beides zusammen eigentlich ist Atmen immer Stöhnen und umgekehrt dachte ich dieses Einatmenmüssen dieses Ausatmenmüssen wie der Körper dafür arbeitet dauernd wer atmet stöhnt wenn man genau hinhört entweder leiser oder lauter wie viele schwer atmen was für Atemqualen es gibt mühsames Ringen nach Luft Ankämpfen gegen das Ersticken schon bei der Geburt das Atmenmüssen ein Schock sofort dann beim letzten Atemzug ein Aufstöhnen letztendlich wer atmet stöhnt das ganze Leben viel zu mühsam so viel Leid daran ändert sich nichts ständiger Begleiter nicht abzuschütteln taucht immer wieder auf verfolgt jeden holt alle ein früher oder später das Leid unvermeidbar wer atmet stöhnt leidet auf irgendeine Art hier herrscht es äußert sich so nicht verborgen nicht unterdrückt das Leid auf der Bühne hier bricht es hervor ist bei ihm dieses schreckliche Stöhnen wie laut dachte ich fühlte mich bedroht hilflos es erfüllte den Raum ein furchtbarer Rhythmus er bestimmte mich kam näher immer enger wurde der Raum ich konnte es nicht abwehren verlor die Fassung gab nach vom Stöhnen überwältigt vom Stöhnen übermannt es war stärker ich ließ es geschehen nur noch dieses Stöhnen ihm ausgeliefert ich stöhnte auf in der Gewalt des Stöhnens es beherrschte mich konnte es nicht ertragen immer lauter entsetzlich ich hielt mir die Ohren zu es half nichts noch immer hörte ich es dieses furchtbare Stöhnen es blieb bei mir nicht länger auszuhalten ich richtete mich auf schwer atmend das Programmheft fiel zu Boden weg von hier ich stand auf zitternd am ganzen Leib floh aus dem Raum verfolgt vom Stöhnen.

Das Auflösen

«Wie du dich aufgeführt hast, das war unmöglich, eine Spitzenleistung von dir, meinen herzlichen Glückwunsch», sagt sie ärgerlich, als sie den Vorgarten verlassen und den Bürgersteig betreten.

«Tatsächlich? Das muss mir gänzlich entgangen sein», entgegnet er kühl.

«Du hast deine Aversionen unverblümt zur Schau gestellt.»

«Alles Menschliche will sich auch zeigen.»

«Ach, lass doch jetzt das Zitieren! An deinem Benehmen gibt es nichts zu beschönigen. Gehen wir hier weiter. Ich möchte noch nicht zurückfahren. Vielleicht besänftigt dich ein kleiner Abendspaziergang. Du bist überhaupt nicht zu stoppen gewesen, hast gar nicht gemerkt, dass ich dich ein paar Mal angestoßen habe.»

«Ich habe es zwar gemerkt, mich aber davon nicht einschüchtern lassen. Warum hätte ich mich auch anders verhalten sollen?»

«Du hast dich gehen lassen. Für dich ist es anscheinend ein gelungener Abend gewesen. Mir jedenfalls war bei deinem Auftritt mehr als unbehaglich zumute. Du hast den Abend kaputtgemacht, auch wenn ich mir alle Mühe gegeben habe, zu kitten, was noch zu kitten war. Du hast einen Scherbenhaufen hinterlassen.»

«Vielleicht braucht man bei mir Sicherheitsglas.»

«Willst du mich jetzt etwa auf den Arm nehmen? Dir scheint jede Einsicht zu fehlen.»

«Ich bin mir keiner Schuld bewusst, Renate.»
«Martin, Ines wird jetzt alles ausbaden müssen. Überleg doch einmal, was sie von meinem Schwager zu hören bekommen wird.»
«Wie soll ich das wissen? Die Gedankenwelt deines Schwagers ist für mich alles andere als einladend. Warum sollte ich mich darin eindenken, was in diesem unangenehmen Typen vor sich geht. Wie konnte Ines nur so auf ihn hereinfallen! Dass ich mich mit ihm duze, ärgert mich schon seit Langem.»
«Das glaube ich dir gerne. Jedenfalls wird nicht einfach weggewischt werden können, was du angerichtet hast. Die Fronten sind verhärtet. Werner weiß spätestens jetzt, was du von ihm hältst. Und Tenhagens werden auch die Augen aufgegangen sein. Wie die über dich herziehen werden! Du hättest sehen müssen, was die sich für Blicke zugeworfen haben. Bei denen bist du unten durch.»
«Hoffentlich. Endlich eine Diskussion, die nicht umsonst war.»
«Du warst bei den falschen Leuten ehrlich. Warum hast du dich nur so ins Zeug gelegt? Wie viel unnützer Aufwand! Sie werden vieles auf sich bezogen haben. Vielleicht fühlten sie sich auch von dir angeklagt. Aber was interessieren mich Tenhagens. Sollen sie doch von dir denken, was sie wollen. Beide sind sowieso nichts anderes als modisch aufgeputzte Konservative.»
«Darin sind wir uns ja einig.»
«Martin, es geht mir eigentlich nur um Ines. Du weißt doch, dass Werner sich dir unterlegen fühlt, damit nicht zurechtkommt, es mit allen Mitteln zu überspielen versucht. Vor Ines will er unbedingt beweisen, dass er mit dir mithalten kann.»
«Das ist doch nur sein Problem. Ich kann mich nicht dümmer machen, als ich bin. Das wäre zu viel verlangt. Ich wäre gern

klüger. Meine Grenzen kenne ich leider viel zu gut. Aber ich gewöhne mich langsam daran.»

«Du warst viel zu giftig. Du brauchst ihm nicht unter die Nase zu reiben, dass mit ihm intellektuell nicht viel los ist.»

«Ich habe nur darauf reagiert, was er sagte, auf seine Worte, nicht auf seine Person. Dass Werner so stur auf seine unmaßgeblichen Meinung pochte, mich sogar zu ihr bekehren wollte, musste mich selbstverständlich reizen.»

«Du sollst ihm nicht die Leviten lesen, sondern vielmehr darauf achten, dass es nicht kritisch wird, wenn ihr beide zusammen seid, was ja so oft gar nicht vorkommt und Ines geschickt zu verhindern weiß. Ines musste nicht schon wieder ein neues Beispiel für seine unheilbare Beschränktheit bekommen. Es ist nicht gut für sie, wenn sie immer wieder von Neuem darauf gestoßen wird.»

«Ines bedaure ich wirklich. Aber sie redet ja selbst davon, dass ihr seine Eseleien manchmal unerträglich sind.»

«Sie gibt sich noch immer alle Mühe, einen positiven Einfluss auf ihn auszuüben.»

«Aus einem Esel kann man keinen Lipizzaner machen. Arme Ines. Sie hat wirklich Pech. Ich habe sie von Anfang an gewarnt. Es war vorauszusehen, dass es bei den beiden nicht gut gehen kann. Aber sie hatte sich ja rettungslos in ihn verliebt. Er sieht zwar gut aus, doch sein Geist lässt sehr zu wünschen übrig.»

«Ja, leider. Man muss meiner Schwester helfen und ihr nicht alles noch schwerer machen. Sie weiß nicht erst seit heute, dass Werner für sie ein großer Fehlgriff ist. Sie leidet immer mehr daran. So, wie du dich vorhin verhalten hast, wird alles nur noch komplizierter.»

«Verlange jetzt bitte nicht, dass ich mich bei Werner entschuldige.»

«Nein, das wäre dumm von mir. Zugegeben, er ist ein ressentimentgeladener Kleingeist, der ganz gewiss auch nicht mein Fall ist, aber wir müssen uns auf die gegenwärtigen Verhältnisse bei meiner Schwester einstellen. Martin, wir wissen doch, woran wir sind. Und Ines auch. Dass sie sich klar auf deine Seite gestellt hat, war nicht gerade klug von ihr. Zwar ehrlich, aber erschwerend. Das wird Werner ganz besonders gefuchst haben. Sie sind miteinander verheiratet und haben zwei kleine Kinder, an denen sie beide sehr hängen. Eine Scheidung ist zurzeit für Ines ausgeschlossen, auch aus finanziellen Gründen.»

«Und welches Verhalten gegenüber deinem Schwager schlägst du mir nun vor? Dass ich zustimmend nicke, wenn ich innerlich verneine?»

«Ach was, du brauchst ihm nicht nach dem Mund zu reden. Womöglich könnte es für Ines sogar erleichternd sein, wenn er dann und wann in die Schranken gewiesen würde. Aber feiner als vorhin. Du solltest es bei ihm mit geschickter Diplomatie versuchen, meine ich.»

«Das wäre Schwerstarbeit für mich.»

«Ich weiß, wie diplomatisch du sein kannst, wenn du nur willst.»

«Wie ich die Lage jetzt einschätze, wird das nicht so ohne Weiteres möglich sein.»

«Willst du etwa mit ihm auf Konfrontationskurs bleiben?»

«Je nachdem. Ich werde mich nur so verhalten, wie es angebracht ist. Wenn er den Abstand wahrt, werden wir nicht aneinander geraten. Aber ich kann einfach nicht vertragen, wenn man bei mir dreist einen konservativen Lobgesang anstimmt.»

«Martin, nimm ihn doch nicht so wichtig.»

«Nehme ich auch nicht. Aber mich nehme ich zurzeit ziemlich wichtig. Darin habe ich noch einen Nachholbedarf. Wenn

Werner mir damit zu nahe kommt, wogegen ich mich wende, reagiere ich entsprechend. Wie der mich zu bequasseln versucht hat, obwohl er doch wissen müsste, dass er mich nicht auf seine Seite locken kann. Für wen hält der sich eigentlich? Und von Tenhagen zu reden, ist doch überflüssig, oder? Du wirst es wahrscheinlich nicht akzeptieren, vielleicht war es auch eitel von mir, aber das brauchte ich. Wirklich. Ich würde mich jetzt ärgern, wenn ich mich zurückgehalten hätte.»

«Puh, was bist du schwierig geworden! So bissig wie in den letzten Wochen habe ich dich jedenfalls noch nicht erlebt.»

«Einen Maulkorb werde ich wohl nicht brauchen, Renate. Ich habe es nur satt, mich zu verstellen, Höflichkeitstaktiken anzuwenden, meine Meinungen in Watte zu verpacken. Vor allem auf diesen elenden Laberabenden, zu denen wir noch immer gehen, obwohl wir von ihnen meistens schlecht gelaunt nach Hause zurückkommen.»

«Wir werden Bekannte verlieren, Martin, wenn du so weiter machst. Hoffentlich bleibt das deine einzige Standpauke. Du warst unausstehlich.»

«Ich pfeife mittlerweile auf solche Bekannte, mit denen man nur auf Floskelebene verkehren kann. Wir haben sowieso zu viele davon. Ich war für dich also unausstehlich? Das war nicht beabsichtigt. Aber du warst mir auch alles andere als sympathisch. So heuchlerisch vermittelnd.»

«Wenn wir so weitermachen, bekommen wir noch Streit.»

«Streiten wir nicht schon die ganze Zeit?»

«Möglich. Eine reichlich verdrehte Angelegenheit.»

«Weil du seit einiger Zeit reichlich verdreht bist.»

«Dazu will ich lieber nichts sagen.»

«Umso besser. Martin, ich mache mir Sorgen um Ines. Neue Konflikte kann sie ganz bestimmt nicht gebrauchen.»

«Das ist naheliegend.»

«Dann handle doch danach. Bitte mehr Fingerspitzengefühl. Meine Schwester benimmt sich auch noch sehr ungeschickt, zu ihrem eigenen Schaden. Sie kämpft zu viel mit ihm. Wie sie diesen Esel wieder angegiftet hat! Arme Ines. Dieses Pech von ihr. Ihre Ehe ist wirklich ein Fiasko.»
«Was bei uns beiden nicht der Fall ist, oder?», fragt er sie und hakt einen Arm bei ihr ein. Er ist über sich selbst überrascht. Warum habe ich das gesagt, warum diese Geste?
«Nein», antwortet sie, «das nicht. Aber wir lassen nach.»
Schweigend gehen sie jetzt Seite an Seite weiter. Am Rande eines Streites, nebeneinander oder hintereinander gehend, immer mit einem gewissen Abstand, mal den Schritt beschleunigend, mal verlangsamend, haben sie ununterbrochen mit der zu ihrer Stimmung passenden Mimik und Gestik auf sich eingeredet.
Die Szene ist vorbei, denkt er, und der Abend auch, ausgefranst, zu nichts mehr zu gebrauchen. Ich hätte nicht mitfahren sollen.
In der Dunkelheit sieht er nur wenig von der Gegend, ein ihn abstoßendes Durcheinander aus langweiligen Bodenbuckeln, auf denen kleine Waldrabatte kümmern, aus eingezäuntem und vorwiegend bekuhtem Grün und muffigen Äckern, aus wuchernden Siedlungen und alles durchziehenden Verkehrsadern, eine schäbige Idylle. Maßgeschneidert auf die in der Mehrzahl kleinkarierten Bewohner.
Sie gehen auf dem gleichen Weg zurück, den sie vor ungefähr einer halben Stunde eingeschlagen haben. Das Gefühl, neben ihm ginge eine Fremde, begleitet ihn.
«Ich fahre», sagt sie, als sie sich ihrem Wagen nähern. Hastig kramt sie den Autoschlüssel aus ihrer überfüllten Handtasche. «In letzter Zeit fährst du mir zu unkonzentriert, was du auch wieder auf der Hinfahrt bewiesen hast.»

«Schön, dann fahre du, wenn dir mein Fahrstil nicht passt.»
«Tenhagen sind noch da», sagt sie und weist mit einer knappen Kopfbewegung zu der in der Automobilrangordnung ihren eigenen Wagen klar übertreffenden Limousine. «Ein Sir-Auto in Gamaschen», meint er, die Karosserie und die mit Spezialradkappen geschmückten Reifen musternd.
«Ja, sehr nobel. Ines muss sich jetzt mit der Bagage herumschlagen. Sie werden alle über sie herfallen.»
«Sie weiß sich ganz gut zu wehren, wie du heute Abend selber merken konntest.»
«Ja, aber diese fortwährenden Auseinandersetzungen mit Werner sind für sie eine große Belastung. Mit ihm wird sie wieder einen großen Krach bekommen. Und morgen wird sie bestimmt aufgelöst bei uns erscheinen. Fahren wir.»
Bevor er einsteigt, blickt er noch einmal zu dem im Landhausstil erbauten Fertighaus zurück, das ihm mit seinen von Effekthascherei zeugenden Fassadenzutaten ein ästhetisches Unbehagen bereitet.
Der Ort des Geschehens, denkt er, schwitzt Nimbus und Dünkel aus, wie das ganze Wohnviertel.
Über die Autobahn fährt sie ihm zu schnell, und ihre schmalen Hände halten das Lenkrad bei dieser Geschwindigkeit nicht fest genug umschlossen, aber er sagt nichts. Sie fährt besser als ich, nur manchmal zu schnell. Sie denkt auch schneller als ich. Dafür denke ich logischer. Oder auch nicht. Befasse mich aber gründlicher mit Problemen als sie. Kann mir darauf nichts einbilden. Was habe ich denn damit erreicht? Der gründliche Deutsche. Nationalcharakter? An Deutschland sind jedenfalls schon viele zugrunde gegangen. Deutschland: Jahrhundert-Weltmeister im Völkermord. Habe ich das heute Abend auch gesagt? Er überlegt kurz, ob er diesen, ihn bestürzenden Satz auf einer Wand der Universi-

tätsbibliothek auch zitiert hat. Er kann sich nicht daran erinnern, unterlässt es, seine Frau zu fragen, um sie nicht während der für ihn unangenehm schnellen Fahrt abzulenken. Er hofft, dass er es gesagt hat. Ein völlig verdrehter Abend. Er sieht zu ihr hin, betrachtet ihre strenge Oberlippe, die dagegen zu volle, etwas hängende Unterlippe, die schwerer gewordenen Oberlider, das hochgesteckte Haar, die fein geformten Ohren, an denen viel zu großes Kunstgewerbe schaukelt, folgt der schönen Linienführung von Stirn und Nase, sieht länger auf die Kinnpartie, die sie ziemlich weit vom Hals weggestreckt hat, eine Haltung, mit der sie wieder ihre Gesichtsmuskeln trainiert. Es kann aber auch unbeabsichtigt sein, denkt er. Sie weiß, dass ich sie jetzt ansehe. Er bemerkt bei ihr erneut den Gesichtsausdruck, der ihm in letzter Zeit öfter aufgefallen ist. Ihr Gesicht wird leiser. Als sie in der Kölner Innenstadt vor einer Ampel warten, hält sie für einige Sekunden die Augen geschlossen.

«Du scheinst müde zu sein», sagt er.

«Ich bin es auch», erwidert sie.

«Soll ich weiterfahren?»

«Nicht nötig. Wir sind ja gleich zu Hause.»

Auf dem von Schaufenstern gesäumten und noch hell erleuchteten Bürgersteig geht mit raumgreifenden Schritten ein hünenhafter, elegant gekleideter Mann an ihrem Wagen vorbei. Kurz nachdem er eine Fußgängergruppe überholt hat, verlangsamt er sein Schritttempo, als sei ihm gerade etwas eingefallen, sieht erst flüchtig nach links, spuckt dann weit zur Straße hin aus.

«Widerlich», sagt sie und fährt an.

«Ja, widerlich. Was auf deutschem Boden alles keimt.»

Insekten fliegen gegen die Scheiben des Wohnzimmerfensters an, vor dem Martin Lindenau steht und den Rollladengurt in seinen Händen hält. Er beobachtet, wie sie hin und her flatternd versuchen, ins Helle zu gelangen. Sinnlos, denkt er. Insektenschicksal. Gibt ja noch genug davon. Wahrscheinlich werden die Insekten die Menschen überleben. Flechten und Moose ganz bestimmt.

«Gibt es draußen etwas Besonderes zu sehen, Martin?», fragt seine Frau.

«Nein», antwortet er und löst den Gurt. Mehrere Insekten werden zwischen Rollladen und Fenster eingesperrt.

«Ein gründlich verdorbener Abend. Aber wir haben es jetzt hinter uns», sagt sie.

«Zum Glück.» Er bleibt vor dem Fenster stehen, legt seine Hände hinter sich auf die Fensterbank, verschafft sich so eine Stütze, gegen die er sich leicht anlehnt. Den Abstand zu seiner Frau, die wenige Meter entfernt in einem Sessel sitzt, möchte er beibehalten. Er wäre lieber allein. Das Klirren des Schlüsselbundes, mit dem sie spielt, stört ihn. Das auf ihre Bluse farblich abgestimmte Halstuch sieht aus, als wäre es herausgequollen. Ihre Beine lässt sie weit geöffnet. Ihr Rock ist verrutscht.

«Warum haben wir uns eigentlich aufgeregt?», fragt sie.

«Weil jeder von uns sich im Recht glaubte», antwortet er.

«Ich finde, wir hatten beide Recht beziehungsweise Unrecht. Unentschieden also?»

«Einverstanden, remis, Renate.»

«Dann kann ich ja beruhigt einschlafen. Ich bin müde, Martin, der Abend war für mich eine Strapaze.» Mit betonter Schwerfälligkeit steht sie auf.

Zu wach für den Schlaf und zu abgespannt, um mit der Nacht noch etwas anfangen zu können, sitzt Lindenau am Schreibtisch, den er zuerst auf-, dann leergeräumt hat. Was heute Abend passiert ist, beschäftigt ihn weiter. Er versucht sich

Gleichgültigkeit zu verordnen, was ihm aber misslingt. Er ist noch nicht fertig mit diesen Wichtigtuern, die ihn auch jetzt noch reizen. Er hat's ihnen aber gegeben. Ein kurzes Lächeln kräuselt seine Lippen. Wie ein Heißsporn. Als hätte er noch das alte Feuer in sich. Er musste sich so verhalten. Diese Narren mit Tarnkappe haben ihn aus der Reserve gelockt. Es war ärgerlich für ihn, doch auch belebend. Eine Art Duell. Er überlässt sich seinen Gedanken, die um den vergangenen Abend kreisen:

Sechs Menschen, sechs Gehirne, ein Raum, klar zugeteilte Rollen, eine Art Farce, er einer der Hauptdarsteller, unbeirrt nach dem Drehbuch seines Denkens spielend. Zwei Gruppen: Renate, Ines und er auf der einen Seite, Werner und die beiden Tenhagen auf der anderen. Drei gegen drei. Nein, so ist es nicht gewesen. Renate hat sich ja bemüht, vermittelnd einzugreifen. Als wäre sie eine Moderatorin. Dabei lehnt sie diese Bagage entschieden ab. Sie hat sich zurückgehalten, mit verkrampfter Diplomatie auszugleichen versucht. Ihr ist es nur darum gegangen, die Wogen zu glätten, ihn zu stoppen, damit er nicht noch tiefer ins gutbürgerliche Fettnäpfchen treten würde. Sein Verhalten ist wohl auch Selbstbestätigung gewesen, gegen Auflösungserscheinungen gerichtet, die ihm noch immer zu schaffen machen. Er muss sich besser sammeln. Was bleibt ihm auch anderes übrig. Sonst würde er auseinanderfallen, sich in seine Bestandteile auflösen. Renate unterschätzt noch seine Schwierigkeiten. Heute Abend nur um Ines besorgt. Aber Ines scheinen die Streitereien sogar willkommen gewesen zu sein. Vielleicht hat er ihr einen Gefallen getan. Renate schwört noch zu sehr auf ihre taktischen Maßnahmen. Er ist es schon seit Längerem leid, den Zurückhaltenden zu spielen, der weiß, woran er ist, und es sich nicht merken lässt. Er will kein sich höflich gebender Konventionsaffe mehr sein.

Viel zu lange hat er sich so aufgeführt. Es hat sich bei ihm gestaut. Ein Druck, der heute Abend zu groß geworden ist.
Er hat gesagt, was er sagen wollte, er hat sich nicht verstellt, er hat nicht den Konflikt vermieden, hat nicht nachgegeben. Er hat sich gewehrt, man muss sich wehren, sonst wird man überwältigt. Ein Zusammenprall von Hirnfronten ist es gewesen, ein Beispiel aus dem geistigen Bürgerkrieg. Er hat es wieder gemerkt, dieser aufschießende, nicht mehr verhüllte Hass der Heuchler, wenn sie sich ertappt fühlen, wenn sie widerlegt werden. Emsige Hüter konservativer Gesinnung, Bewahrer von Unbewährtem, dem verpflichtet, was ihnen den größten Nutzen bringt, so lange kulant, wie man mitspielt, ihre Richtlinien nicht überschritten werden. Fühlen sie sich verunsichert, treibt man sie in die Enge, dann sondern sie schnell Empörung ab. Jetzt lass aber mal die Kirche im Dorf, das geht zu weit, du musst auf dem Boden der Tatsachen bleiben. Nein, da sind wir ganz anderer Ansicht, und nicht nur wir. Sie können nicht zugeben, was sie schwächen würde. Davor müssen sie sich hüten, sie würden aus dem Tritt kommen, der sie so gut vorwärts bringt. Niemand empört sich so schnell wie der Heuchler, Werner und Tenhagen über ihn empört. Denn er redete so, wie er dachte, seine Ansichten mussten sie reizen, das wollten sie nicht hören. Er vertrat die andere Seite, wurde dadurch zum Gegner, spätestens als er von kollektiver Heuchelei redete. Deutsche Geschichte, deutsche Ideologie, deutscher Geist, deutsche Gegenwart. Wie einfach sie es ihm machten. Klare Gegensätze, sie waren dafür, er dagegen. Sie behaupteten, er führte aus. Er hatte genügend Belege, brauchte nur zu zitieren. Mit seinen persönlichen Wertungen reizte er sie noch mehr. Er musste sich verteidigen, angegriffen von denen, die auf ihre Meinung kompromisslos pochen. Verblendete des Status quo, frech ihre Klischees

hochhaltend, von brüchiger Tradition gestützt, neu geschminkt. Torheit im modischen Gewand, zeitgeistig zurechtgemacht, von Nimbus und Dünkel gesalbt. Er duzt sich mit ihnen, aber was heißt das schon. Er hätte nicht mitfahren sollen.

Ziemlich lange blieben die Masken aufgesetzt, sie schafften ein harmloses Geplänkel, sie tauschten Belanglosigkeiten aus, alles nett verpackt. Ein Abend, der sich zunächst durchschnittlich abspulte. Man war miteinander bekannt, man war zusammen, man kannte die Grenzen, in denen man sich zu bewegen hatte, man ging aufeinander ein. Sie saßen auf der Terrasse, es war schwül, die Fliegen ließen nicht locker. Wo Kühe sind, da sind auch Fliegen. Sie tranken Bowle, von Sigrid Tenhagen aufgesetzt. Sie redete davon, als wäre es eine Kreation von ihr. Sie heimste Lob ein, wunderbar diese Bowle, genau das Richtige bei diesem Wetter, so schmeckt sie wirklich am besten. Renate fragte nach dem Rezept, war in blendender Small-Talk-Form. Wie geschickt sie mit so einer Bagage umgehen kann! Werner versuchte, charmant zu sein, spielte den guten Gastgeber wie ein Provinz-Weltmann, gab einen Schwank aus seinem Berufsleben zum Besten, gar nicht uninteressant. Allseits lässiges Geplapper. Er spürte eine leichte, angenehme Lethargie. Alles hielt sich im Rahmen. Tenhagen sie umgarnend, wann besucht ihr uns mal wieder? Wie sie die günstige Wohnlage priesen, froh, hier gebaut zu haben, so nahe an Köln und doch schon so ländlich, sehr verkehrsgünstig. Ines sagte nichts, eine moderne Frau in der alten Familienfalle, klug, wenn auch nicht so gebildet wie Renate, dafür impulsiver. Eine Frau, die jetzt spürt, dass sie immer mehr versäumt. Sie sucht nach dem Ausweg. Ihre grünen, blitzenden Augen, als sie ihre Ansichten vertrat. Schönere Augen kennt er nicht. Sie wissen beide, dass sie sich mögen. Vielleicht hatte er ihr heute Abend sogar geholfen. Welche Lösungen könnte es für sie geben? Er weiß es nicht. Anfangs war sie ziemlich schweigsam, hielt sich noch zurück. Die Tenhagen quasselte lange über eine Vernissage, die für sie so interessanten Leute, als hätte sie eine geheime Sehnsucht. Träumt vielleicht von einem Operettenabenteuer mit einem Bohemien. Es darf aber nur eine kurze Episode sein, höchstens für einen Monat, dann wieder zurück ins Ehegemach, die freie Wildbahn wird bald zu ungemütlich. Ewald Tenhagen bietet ihr auf die Dauer mehr. Wie teuer sie wieder angezogen war. Renate sagte einmal, Sigrid würde am liebsten die Etiketten außen tragen. Renate kennt beide besser als er. Für sie ein Duo, das sich klar berechnend immer dichter zusammenschweißt. Tenhagen mit allen Wassern gewaschen, stolz auf seine Karriere als Rechtsanwalt, wichtigtuerischer Freizeit-Politiker. Ich bin ausgebucht, sagte er. Wähnt sich im Zentrum, wenn er von seinen politischen Aktivitäten spricht, vielleicht gehe ich ganz in die Politik, je nachdem. Er würde am liebsten optimistischen Hochglanz verordnen, sein konservativer Lacküberzug, trägt das Behagen des Cleveren zur Schau, das sichere Ausnutzen der Gegebenheiten. Weiterdenken Fehlanzeige, wie bei Werner. Sie glauben sich auszukennen, man muss auf den Zug der Zeit aufspringen, es gibt für jeden etwas zu holen. Renate hält nichts von ihnen, wie könnte sie auch. Sie gab sich freundlich, hat darin großes Talent.

Wann änderte sich das Klima? Vielleicht als Werner die Themen anschnitt, die er wohl in petto gehabt hatte, vielleicht war es unterschwellig angewachsen. Eine allmähliche Verschärfung des Tons trat ein, dann die unvermeidliche Zuspitzung. Sie nahmen ihre Masken ab, nur Renate nicht, die ihm wie ein Diplomat vorkam, der noch nicht gemerkt hatte, dass der

Krieg schon ausgebrochen war. Sie begannen zu diskutieren, anders als sonst, entschiedener. Wie herausfordernd ihn Werner ansah, als er sagte, besser zum alten Eisen gehören als zum neuen Blech. Ein Verfechter des Kosten-Nutzen-Denkens. Alles liegt für ihn klar auf der Hand, Volkswirt mit Leib und Seele, leicht philosophisch ausstaffiert. Er hielt sich noch zurück, wenn er etwas sagte, gab Werner sofort seinen Senf dazu. Ein strenger Bilanzierer, ließ sich wieder breit über die allgemeine Geldverschwendung aus. Unglaublich, wie viel Geld noch aus dem Fenster geworfen wird, überall, und nicht zuletzt in der Kultur, da kannst du sagen, was du willst. Man muss das Geld in die richtigen Kanäle fließen lassen. Werner stimmte ein Loblied auf den internationalen Geldverkehr an, aber dann konterte er. Wo herrschen denn schon die Prinzipien, nach denen man zu handeln vorgibt? Theorien, die von der Praxis verhöhnt werden. Das internationale Kreditunwesen, Pomp auf Pump. Das konnten sie nicht hinnehmen, sie versuchten es glattzubügeln. Es geht eben nicht anders, hat sich doch auch bewährt. Was willst du denn daran ändern? Oder meinst du etwa, dass es diese intellektuellen Pfauen besser, machen könnten?, fragte Werner bissig. Er konnte natürlich keine Lösungen anbieten, war weit entfernt davon, sagte nur, dass er sich nicht dafür zuständig fühle. Na also, entgegneten sie, ihren Kurs behielten sie bei. Sie setzten weiter auf Lösungen, die keine sind. Tenhagen redete, als befände er sich auf einer Wahlkampfveranstaltung, bekam die Zustimmung, die er wollte. Renate mit Beschwichtigungsfinten, versuchte auszugleichen, ihr Zwaraber, ihre Sowohlalsauch-Angebote, auf die keiner mehr einging. Auch Ines nicht, sie wurde immer aggressiver, schien aufzuleben, fuhr Werner frühzeitig über den Mund. Ihre unverhüllte Ablehnung, tu doch nicht so, als hättest du den richtigen Überblick. Du weißt wohl nicht, wo du stehst? Welche Alternativen kannst du denn schon anbieten? Ich glaube auch, dass man in 50 Jahren über die heutige Zeit den Kopf schütteln wird. Sie wechselten bald zur Rechtmäßigkeit der Mittel über, die Fronten verhärteten sich. Sie machten es ihm leicht, die deutsche Justiz, ihr unsägliches Palaver darüber, ihre Standortbestimmung des Rechts, wie sie sich in Floskeln suhlten, ihr pseudoliberales Gerede über Ethik und Gesellschaft, ihre Selbstsicherheit dabei. Tenhagen in herablassendem Ton, ich als Jurist kenne mich da aus, rechtlich gesehen, muss ich anderer Ansicht sein. Wie er mit Paragrafen aufzutrumpfen versuchte, sein Schönfärben der deutschen Rechtstradition. Aber er gab nicht nach, konterte, früheres Recht war auch schon früher Unrecht. Justitia, in der einen Hand das Parteiabzeichen, in der anderen den Strick. Die deutsche Justiz und ihre Opfer, verquälte und quälende Rechtsfühlosophie. Die Geschichte des deutschen Rechts ist auch eine Fallgeschichte. Wenn das Unrecht herrscht, fühlen sich die Richter am sichersten. Der Deutsche, gestern und heute, das als deutsch deklarierte Wesen, das deutsche Denken und seine Opfer, überall Opfer. Er konnte es ihnen belegen, doch sie protestierten, griffen ihn an. Vor allem Werner, im Drohton, das eine will ich dir sagen, so kannst du mir nicht kommen, das ist ja hanebüchen, willst du mich provozieren, oder warum redest du so, glaube bloß nicht, dass nur du dich in der Geistesgeschichte auskennst. Sie waren sich einig, kramten löchrige Einwände hervor, krallten sich an längst Widerlegtes. So kannst du doch nicht werten, du bist doch Historiker, das ist zu negativ, es gibt eine große deutsche Geschichte, das lässt sich nicht bestreiten. So schlecht waren die früheren Verhältnisse nicht, und unsere Zeit hat doch erst recht ihr Gutes. Denk doch nur mal daran, wie hoch die Lebenserwartung heute ist. Eine Politik der kleinen Schritte ist am vernünftigsten, man darf nichts überstürzen, das wäre blinder Aktionismus, man braucht behutsame Reformen. Sie begannen zu vernünfteln, die Worte, die sie benutzten, mit denen sie erklären wollten, was es im Grunde gar nicht gibt. Leere Worthülsen, die sie für ihre Auslegungen brauchten, abgenutzte Floskeln, die sie aus ihren Schubladen holten, ohne das geringste Zögern, ihre Überzeugungsinbrunst. Sie waren dafür, er dagegen. Polaritäten, eine klare Angelegenheit. Er schüttete weiter Säure auf ihre Kostüme, er verhielt sich so, wie er es für richtig hielt, wie er es sich schuldig war. Ein Scheinfrieden war nicht mehr möglich. Man vertrat, was die andere Seite entschieden verneinte, man musste sich behaupten, es ging um den eigenen Rückhalt. Renate gab auf, wäre am liebsten schon gegangen, sie signalisierte es ihm mehrmals. Er tat ihr aber nicht den Gefallen. Ines immer privater, stritt bald nur noch mit Werner, zwei Gegner, der eine schenkte dem anderen nichts, sie wirkten wie zwei Scheidungskandidaten. Beide Tenhagen noch abwartend, abschätzend, schienen ihren Spaß daran zu haben, hielten sich zurück, wollten sich bei Ines nicht unbeliebt machen. Sie bildeten zwar eine Koalition mit Werner, manövrierten aber ganz geschickt zwischen beiden. Bei ihm waren sie direkter, behaupteten frech, dass er auf dem Holzweg sei, anscheinend nicht nur auf einem, kritisierten seine Ausführungen, als hätten sie die Wahrheit gepachtet, benahmen sich auch immer hochnäsiger. Werner bemühte sich dann heuchlerisch, Ines Zorn zu bemänteln, es war eine Eskalation, es musste ihm unangenehm sein, er wollte nicht mehr mit ihr weiterkämpfen, musste sich vor ihnen schon nackt genug vorgekommen sein. Er wollte es als kleines Ehegewitter verharmlosen, versuchte, auf Ines mäßigend einzuwirken. Beruhige dich doch, was regst du dich denn so auf, du bist nicht sachlich. Er wurde onkelhaft plump, wie er sich verhielt und was er sagte, war aber Fassade, dahinter lauerte Wut. Er ahnt wohl, dass Renate und er über ihn Bescheid wissen, dass er ihnen nichts vorspielen kann, aber vor Tenhagen wollte er den Schein wahren. Er ist jemand, der bestimmen will, nach Bestätigungen giert. Von Ines kann er sie nicht bekommen, sie lehnte sein Friedensgebot schroff ab. Immer willst du mich bevormunden, was bildest du dir eigentlich ein, sprich nicht so mit mir, ich bin nicht dein Hündchen. Sie war nahe daran, die Beherrschung zu verlieren, flüchtete sich dann ins Schweigen, wirkte hilflos. Sie tat ihm leid, er hätte das Spiel spätestens jetzt abbrechen sollen, aber er war zu sehr in Fahrt. Sie machten weiter, sie hatten ihr Pulver noch nicht verschossen, hielten ihre Stellungen, obwohl es überflüssig war, sie sich schon nichts mehr zu sagen hatten. Er redete weiter, ein Anlaufen gegen Meinungsmauern, die er nicht niederreißen konnte, Menschen, die sich auf ihren bodenlosen Standpunkten und dürren Lebenserfahrungen ihr unerschütterliches geistiges Zuhause zurechtgezimmert haben. Sie sind gepanzert, halten ihre Richtung ein, als wären sie dressiert worden. Er merkte, dass sie sich gratulierten, sich auf dem Siegespodest wähnten, das zeigten sie ihm auch ungeschminkt. Sie erzeugten die dumpfe Atmosphäre einer in sich verschworenen Gemeinschaft. Sie hatten ihr Urteil über ihn schon längst gefällt. Er hatte genug gesagt, eigentlich zu viel, was hatte er mit ihnen noch zu schaffen, es war sinnlos. Er ließ sich aber noch hinreißen, schimpfte über die gefährliche Nähe vom Konservatismus zum Faschismus, die fließenden Grenzen, das ständige Versagen der Politik, war viel zu aufgeregt, übertrieb, leider, das konnten sie für sich ausnutzen. Ihre triumphierenden Gesichter, diese sich bestätigenden Blicke, die sie wechselten. Sie wussten, woran sie waren, fühlten sich ihm überlegen, benahmen sich wie stolze Trottel, die

gegen Selbstkritik gefeit sind. Dann aber reichte es ihm, er stand auf, sagte ihnen mit vor Erregung kippender Stimme noch, dass sich jede Zeit bisher schuldig gemacht hat, und er davon überzeugt sei, dass diese historische Tatsache auch für die Gegenwart gilt, in die sie alle miteinander verstrickt sind.
Lindenau streckt sich jetzt so lange, wie er gähnt. Er bewertet sein Verhalten als weder falsch noch richtig. Das Gedankengewebe aus bereits verblichenen Mustern des vergangenen Abends löst sich auf. Warum soll er auch länger nachvollziehen, was ihm zuwider ist und nicht in sein Gedächtnis gehört? Es ist vorbei, verlorene Stunden, die nur noch zum Zeitabfall zählen.
Er legt seine Unterarme auf die leere Schreibtischplatte und streicht mit seinen Daumen über seine Fingerkuppen, die sich feucht anfühlen. 23 Grad zeigt ihm das Zimmerthermometer an. Hitze macht Köln ganz jeck. Auch heute Nacht spürt er nur eine leichte Abkühlung. Im Zimmer ist die Luft noch immer drückend. Einen großen Ventilator an der Decke könnte er jetzt gut gebrauchen. Wie in den Tropen.
Er erinnert sich daran, dass er in einem Gewächshaus seine Frau kennengelernt hat. Vor vier Jahren, in Berlin, im botanischen Garten. Er versucht sie sich vorzustellen, diese sehenswerte Konstruktion aus Stahl und Glas, unter der alles begann. Seine Gedanken streifen die Zeit, als sie beide noch das Gewächshaus als Symbol betrachteten und es für sich mit großer Sicherheit ausdeuteten. Unwillig unterbricht er seinen Gedankengang. Dieser Spur möchte er nicht weiter folgen, um Erinnerungen zu vermeiden, die ihm jetzt zu nahe kommen könnten.
Unsere beste Zeit liegt hinter uns, sagt er sich. Es ist nicht mehr zu ändern, aber wir wehren uns noch dagegen. Wir sind vom Außergewöhnlichen aufs Durchschnittliche zurückgefal-

len. «Ich habe dieses Gewächshaus kennengelernt und mag jetzt keine Tulpenbeete mehr», sagte sie neulich.
Sie kann sich noch nicht daran gewöhnen. Und ich auch nicht. Zum Teufel. Es ist doch absurd. Schon lächerlich. Dieser andauernde Glückskrampf. Von Sehnsüchten genarrt. Darin verrannt, was keinen Bestand haben kann. An Fiktionen leidend. Und irgendwann erschöpft. Warum nur dieser ganze Aufwand? Ein jämmerliches Gezappel. Der Mensch, ein Zappler. Die einen zappeln länger, die anderen kürzer. Nichts bleibt. Zum Teufel mit dem Glück und dem Leid und dem Suchen und dem Verlieren, zum Teufel mit dem ganzen menschlichen Gezappel! Ich sollte mich wieder tiefer in die Jahrhunderte verkriechen. Vielleicht komme ich dann wieder in die Balance.
Er sieht zu den Büchern und Papieren auf der Ablage rechts neben ihm, die er vorhin von seinem Schreibtisch geräumt hat. Ein bitteres Lächeln erscheint auf seinem Gesicht, hält sich kurz, dann verschwindet es wieder. Abschätzig stößt er Luft durch die Nase aus. Wie viel er sich vorgenommen hat! Und was hat er geschafft? Gedanklich ist er doch nur herumvagabundiert. Er nimmt die Papiere von der Ablage, zögert kurz, überfliegt dann seine Aufzeichnungen, die sich in den vergangenen zwei Wochen angesammelt haben:

Schöne Kinderaugen, die offen in die Welt blicken, die sie nicht verstehen können.
Kulturgeschichte ohne Leidensgeschichte ist ästhetische Heuchelei.
Was bedeuten die weißen Spatzen, die wiederholt in Deutschland beobachtet worden sind?
Längst durchschaut, aber immer noch wirksam. Was bereits alles erkannt worden ist. Man brauchte nur noch zu zitieren.

Um die Jahrhundertwende betrug der Wasserverbrauch pro Kopf 50 Liter, heute ist er auf 250 Liter angestiegen. Wie viel benötigt wird, um sauber zu bleiben! Der menschliche Dreck. Eine steil ansteigende Kurve.
Als flaches Randmeer des Atlantiks umspült die Nordsee das größte Industriekonglomerat der Welt, zu dem West- und Mitteleuropa schon seit Jahrzehnten vereint sind. Die in die Nordsee einmündenden Flüsse, die zu Abwässerkanälen verkommen sind, transportieren den Dreck dieser industriellen Gemeinschaft. Verfolgt man die Strömungsverhältnisse in der Nordsee, so erkennt man leicht, dass die Konzentration der Schadstoffe nur durch relativ wenig Wasser aus dem offenen Atlantik verdünnt werden kann, das im Norden über die Spitze Schottlands, im Süden über den Ärmelkanal zufließt. Der Dreck aus Schelde, Maas, Elbe, Rhein etc. wird mit den Hauptströmungen entlang der Küste bis zur Nordspitze Dänemarks geschwemmt. Der Dreck aus der Irischen See und der britischen Ostküste vermischt sich im Raum der Westfriesischen Inseln, bei Sylt und vor dem dänischen Limfjord mit dem Schmutzzustrom aus dem Ärmelkanal. Diese Dreckfracht fließt unaufhaltsam in die enge Gasse des Skagerraks, wendet zunächst gegen den Uhrzeigersinn und nimmt dann vorbei an der norwegischen Küste Kurs auf Richtung Eismeer. Die Müllsituation. Die Müllmengen der Jahrhunderte. Die Geschichte des Mülls.
Die Zeitumstände, Zeitwehen, Zeitmissgeburten. Problem erkannt, Lösung ungewiss. Die Zeitzünder.
Die unverdrossenen Versuche, Normen für das Fühlen, Denken und Handeln zu etablieren. Die Ereignisknäuel.
Wenn Strukturen der Geschichte so beschrieben werden, als wären sie ihre Instinkte; die Geschichtsautomatik auf Hochtouren. Hysterische Historiker. Ihre Effekthaschereien. Ihre

Angebote fürs politische Ausschlachten. Wie viele Versionen der Geschichte in nationaler Absicht schon in Umlauf gebracht worden sind!
Wenn man nur gut genug zahlt, bekommt man für jede Absicht ein wissenschaftliches Gutachten.
Schlagzeilen, die mich prügeln. Das spätere Urteil über heute.
Ich bin ein Sammler. Aber zurzeit einer, der keine Übersicht über seine Sammlung hat, nicht wissend, nach welchem Schema er sie ordnen soll.
Es könnte sein. Die verunkrauteten Gärten der Hoffnung. Falls es einen Gang der Geschichte geben würde, so wäre er torkelnd.
Marduk war der Hauptakteur in der Schöpfungslegende der alten Babylonier. Er gehörte zu ihren ranghöchsten Gottheiten. Als seine Großtat wähnten sie den Sieg über das gewaltige Ungeheuer Tiamat, welches das Chaos verkörperte. Marduk tötete Tiamat und schuf aus dem Chaos die Ordnung, als er Tiamats Körper zweiteilte. Er hing die eine Hälfte über sich in die Höhe, die andere breitete er unter seinen Füßen aus. Der eine Teil formte sich zum Himmel, der andere zur Erde. Das Teilen, Aufteilen, Einteilen.
Einsteins Brief an Roosevelt. 1939. Nur 200 Worte. Sätze, die weltverändernd waren. Das Element Uranium. Eine einzige Bombe dieses Typs.
Deutsche Wochenschau von 1941: Die Szene zeigt Mitglieder der Wehrmacht während einer Rast im Waldidyll. Das Mittagessen wird zubereitet. Zwei Männer, ausgesucht blonde Typen, kneten mit tatkräftig aufgekrempelten Ärmeln in einem Holzbottich. Originalton: Heute gibt's Knödel. Betont frohgestimmt. Freundliche, brave Gesichter im Vorgeschmack des Essens. Deutsche Jungs. Pfadfinder-Einfalt glänzt in ihren Gesichtern. Alle in der Nähe des Trogs. Dann Kameraschwenk

zu einem Schwein, das vor einem Holzschuppen angepflockt ist. Originalton: Und das gibt's als Beilage. Der Sprecher gab dem Satz eine Betonung, die witzig sein sollte, um die Zuschauer zum Lachen zu bringen. Ein Mann mit langem Abstechmesser kommt groß ins Bild. Dann wird abgeblendet. Ende der Szene. Das wollte man den zartbesaiteten deutschen Zuschauern nicht zumuten: Zu sehen, wie im 2. Weltkrieg ein Schwein geschlachtet wurde.

Ideen, die das Gehirn aufladen, zu den Katastrophen des Geistes führen. Rasse, Wahn und Mörderhand.

Renates Gesicht wird leiser. Ich sah es wieder, als sie die amerikanischen Architektur-Essays las. Ich zögere, sie deswegen zu fragen. Ich finde dafür auch keine mir richtig erscheinenden Worte. Es ist eigentlich nur zu sehen.

Fängt mit dem Benennen nicht das Verkennen an?

Sie braucht nicht zu befürchten, dass ich aus der Universität ausschere. Wo sollte ich sonst hin? Ich kenne keine bessere Nische für mich, trotz allem. Vielleicht bin ich doch schon über den Berg. Aber bestimmt noch nicht so weit, um wieder daran anzuknüpfen, wo ich aufgehört habe. Ich werde mich beherrschen müssen. In zwei Wochen beginnen die Semesterferien. Es gibt für mich keine Alternative zur Universität. Aber wie satt ich es bin! Eingeschnürt im akademischen Denkkorsett, erschöpft vom Universitätsalltag. Ratlos angesichts der geistigen Pleiten. Bedrängt von Problemen, die ich bei mir selbst gefunden habe. Ein Auflösungsprozess. Ich bin mir verdächtig geworden. Ich sollte mich krankschreiben lassen.

The Acceptable Daily Intake. Von der Weltgesundheitsorganisation als vorläufiger Richtwert festgelegt.

Umgeben von Sachverständigen, die unter sich zerstritten sind.

Wenn man die großen Worte wörtlich nehmen würde.

Anstatt andere, sollten die Menschen sich selbst angreifen; dann wären sie friedlicher. Diese Rasereien gegen Fremde.
Die Klischees sind Wirklichkeit. Trachten-Folklore-Dialekt. Heimatliche Verschrobenheiten, Absicherungen des Kleingeistigen, gruppenbildende törichte Abgrenzungen. Die darin lauernden Gefahren.
Der Begriffstand. Das Begreifen. Die Greifhand. Die faustgroben Verallgemeinerungen.
Zwar glaube ich nicht mehr an die Märchen meiner Kindheit, dafür aber sind sie von Märchen meines erwachsenen Bewusstseins abgelöst worden, an die ich zu glauben versuche. Es bliebe sonst nichts anderes übrig.
Der Meinungskarneval, vielfach zum System aufgebläht. Der geistige Kostümzwang.
Lauter geläuterte Leute.
Strickt die Menschheit nicht permanent an ihrer Katastrophe, die immer mehr Maschen bekommt?
Stand heute wieder auf der Hohenzollernbrücke. Unter mir wälzte sich die Rheinkloake nordwärts, neben mir pausenlos Züge im stählernen Takt und vor mir trumpften Fassaden von Köln auf. Sah länger zum gotischen Bauchpinsel des Jenseits und zum Standbild von Kaiser Wilhelm in Paradeuniform hoch zu Ross. Dachte wieder an die Staat & Kirche GmbH. Dann fiel mir Hegel ein, seine lächerliche Huldigung Napoleons, nachdem er ihn gesehen hatte: Es ist in der Tat eine wunderbare Empfindung, ein solches Individuum zu sehen, das hier, auf einem Pferde sitzend, über die Welt übergreift und sie beherrscht. Seine geschichtsfüllosophischen Träumereien entschuldigen das Schlachten; denn für ihn gehörte es ja zur Ehre großer Charaktere, schuldig zu werden. «Was für eine Kanaille», sagte Renate, als wir über Hegel sprachen. «Jemand, dem die Weltgeschichte alles, das Glück des Men-

schen nichts bedeutete.» Sie kann ihm überhaupt nichts mehr abgewinnen, flüsterte: «Psst! Horch! Der Weltgeist! Ich höre ihn schon wieder schlurfen.»
Sie meinte, dass die Menschen früher verrückter waren als heute. Wir waren uns einig, dass wir, gäbe es eine solche Wahl, in keiner anderen Zeit leben möchten als der heutigen.
Als würde ich aus lauter unzusammenhängenden Einzelteilen bestehen, die sich voneinander lösen. Nichts bleibt fest, wenn ich mich überprüfe. Ein Sammelsurium von Mustern ohne Einheitlichkeit. Eine Einheitlichkeit, die ich, ohne es zu bemerken, auch vorher nicht besessen habe. Ich habe sie wohl nicht gebraucht. Warum ich mich jetzt so lose fühle, weiß ich nicht.
Brauche ich eine geistige Kur? Aber welche? Vielleicht sollte ich mich weiter nach Lust und Laune geistig herumtreiben, um mich auf diese Weise wieder zu fangen. Wie vieles sich auflöst, wenn man nur fest genug an den losen Fäden zieht! Was ist nicht lose? Das Verweben; das entstandene Gewebe. Das Auftrennen des Gewebes. Was ich mir zusammengestrickt habe. Meine Maschen. Vorher in wärmende Gewohnheiten gehüllt, beginne ich nun zu frieren. Ich weiß nicht, wie ich mich wieder einkleiden soll. Ich liege bloß.
Die Gedankenkostüme. Weltbilder sind geistige Angewohnheiten, die deswegen andauern, weil sie das Leben so vertraut machen. Es sind Bewusstseinstrübungen, mit denen man sich das Denken gemütlich einrichtet. Die Hirnidyllen. Das verschreberte Denken.
Meine Geschichtsexkursionen, auf denen ich Spuren des kurzen Gelingens und des langen Scheiterns finde. Die hohen Aufschwünge und die jähen Abstürze.
Das politische Make-up. Die Regierungs Public Relations. Die Feinsohlereien für Leisetreter. Die geheimen Schubladen.

Das nationale Ornament. Das Feierliche. Das Festliche. Die Rhythmisierung des Gefühls, das Überwältigen der Reflexion durch verbale Agitation, Fanfaren, Massenaufzüge etc.
Die Wortmuskelspiele. Die Lügenfestivals. Die Würdefiktionen. Wie bei allen Militärparaden Kriegsbereitschaft ästhetisiert wird. Eine widerliche nationale Machtshow, die man generalstabsmäßig aufführt. In Reih und Glied. Mit Bügelfaltenkorrektheit spielt sich die stets gemeingefährliche Staatsmacht auf. Die geistige Dressur. Die waffentechnische Revolution.
Ich stecke in einem Nahkampf mit mir selbst. Trotz allem, ich glaube, ich kann ihm doch etwas abgewinnen; sonst müsste es mir schlechter gehen. Ein Lumpenkostüm aus vernähten Flicken. Das zerschlissene Gedankengewebe.
Gestern hielt ich mich während der Institutskonferenz innerlich an Lothar fest und wiederholte mit anderen Worten, was er sagte. Ich fühlte mich, als wäre ich in einen Debattierklub geraten, zu dem ich nicht gehörte. Danach war ich bis spätnachts mit Lothar zusammen. Seine riesige Altbauwohnung wäre mir zu groß. Er sagte wieder, dass sie mit ihren leeren Flächen sein Denken weite. Wir tranken zu viel. Er verträgt mehr als ich, auch geistig. Ich glaube, er hat sich schon recht früh eine nützliche geistige Hornhaut zugelegt. Von meinen Schwierigkeiten scheint er nichts zu merken. Ich möchte nicht mit ihm darüber sprechen. Was könnte er mir schon raten? Es ist mehr eine Gefühlslage. Während er ein langes Telefongespräch mit seiner Mutter führte, las ich in seinem Manuskript. Kurzer Anflug von Unwillen, vielleicht war es sogar Neid, aber dann spürte ich nur noch freundschaftliche Hochachtung. Er ist brillant, und er weiß es auch. Mit erstaunlicher Energie arbeitet er an seinem kritischen Portrait der Zeit, als wir wieder wer wurden. Je mehr wir tranken, desto bunter redeten

wir. Lothar jonglierte mit seinem enormen Wissen. Sein Gedächtnis möchte ich haben. Mit wie viel Detailkenntnis er Adenauer durch den Kakao zog. Über Adenauer kann ich nur noch kabarettistisch reden, sagte er. Er gab zwei Kostproben von Adenauers Kunstbanausentum: Als er Köln oberbürgermeisterte, verbot er Bartoks Mandarin und verweigerte dem Museum den Ankauf eines Dix. Eine deutsche Tradition wurde damit fortgesetzt. Lothar erwähnte noch eine Studie über Adenauers armseligen politischen Wortschatz, mit dem er blendend ausgekommen war. Er plant ein Seminar über politische Rhetorik. Nachdem wir uns eingehend mit Institutsklatsch beschäftigt hatten, redeten wir nur noch über Fußball. Wir beschlossen, uns Dauerkarten für die Heimspiele des 1.FC Köln zu kaufen.
Gegen zwei Uhr kam ich sehr angetrunken zurück, in großartiger Laune. Renate behandelte mich, als wäre sie meine Krankenschwester.
Heute war der Tag ein einziger Ausfall.
Metternichs Gedankenpolizei. Und heute? Die Karikatur stellt die einzige Bastion freier Meinungsäußerung dar. Weil sie nicht ernst genommen wird.
Nachdem man den Leuten gegeben hat, was sie brauchen, werden sie dazu gebracht, dass sie wollen, was man ihnen gibt. Lothar hat dafür viele Belege gesammelt.
Werde ich mich noch an alles gewöhnen, demnächst etwa mit einer gewissen Lust am losen Faden ziehen? Vielleicht ist das Auflösen sogar eine Lösung.
Starke Worte, die auf schwachem Denken wurzeln. Triumphe kopfloser Begeisterung, Niederlagen der Vernunft.
Wenn die Sprache strammsteht. Das waren noch Zeiten, als feierlich der Krieg erklärt wurde. Hurra, der Krieg ist da!
Tag der Deutschen Gemeinheit: ein neuer Gedenktag.

Lasst Euch nicht BRDigen! Ich werde diesen Satz wohl nie vergessen. Er stand damals blutrot an der Wand des Hörsaals. Ein Zeitdokument.
Politische Verhältnisse, als wollte man mit der Apokalypse flirten. Waffenstarrende Blendwerke der Mächte. Zwar schon lange durchschaut und zerdacht, aber einfach nicht abzuschaffen. Wir fühlten uns als Studenten von hirnverbrannten Staatschefs bedroht. Wut und Ohnmacht. Eine widerliche Zeit. Es ist noch gar nicht so lange her. Es war eine permanente Gefährdung. Man kalkulierte mit dem politischen Massenmord. Man darf es jetzt nicht beschönigen. Der dritte Weltkrieg hätte in Westdeutschland beginnen können. Vieles deutete damals darauf hin. Höchstwahrscheinlich im Raum Fulda. In Weltkriegs-Szenarios hatte man das bereits mit militärischer Logistik durchgespielt. Bei NATO-Übungen probte man hier vorsorglich das Ausheben von Massengräbern.
Die Verbrechensgeschichte der Menschheit. Politiker, die zu Massenmördern wurden. Konnten hemmungslos ihr Unwesen treiben. Als Historiker muss man ihnen entschieden den Prozess machen. Aber welchen Nutzen hat das heute noch? Sicherlich keinen mehr für die Opfer.
Wie viel kriminelle Energie in der Politik oft mitregiert.
Dieses Gerede über die Strukturzwänge. Als hätten sie sich verselbstständigt. Etwas hilft dagegen: die Destruktion.
Ideologie und kollektive Heuchelei gehen Hand in Hand.
Dieses Anlaufnehmen gegen Mauern, die sowieso stehen bleiben.
Gutbürgerliche Zwangsstrukturen. Nur keine Experimente.
Vielleicht nehme ich mich noch immer zu wichtig.
Problem erkannt, Lösung ungewiss. Spätestens später.
Die Staatsrepräsentanten. Oft triefend vor Pathos. Wie gewichtige Plattitüden auf Stelzen.

Generäle, die hinter stark getönten Brillen ihre gemeingefährlichen Blicke verbergen. Killerblicke. Vor allem in Südamerika. Die politischen Syndikate.

Was für ein blödsinniges, im Grunde bezeichnendes Theater um den Tod von Wellingtons Schlachtross Kopenhagen. Ein damals hochberühmter Gaul. Sicherlich berühmter als viele Geistesgrößen. Lächerlich, was man mit dem Kadaver alles veranstaltet hat. Man begrub ihn mit militärischen Ehren vor Wellingtons Haus. Unter einer Eiche. Das Pferdegrab schmückte man mit einem Grabstein, den man mit nur schwer zu überbietender Narrheit beschriftete. Da wünschte man doch tatsächlich, dass Kopenhagen am Jüngsten Tag mit Wellington im Sattel glorreich im Himmel eintraben werde. Kaum zu glauben. Menschen. Man könnte darüber vor Lachen wiehern. Sind etwa auch Trauerreden gehalten worden? Hat man einer Stute kondolierend den Huf geschüttelt? Bekam diese Stutenwitwe eine lebenslange Staatsrente? Ich würde mich nicht wundern.

Geschichte, auch ein Kabinett der Narrheiten. Sie ist aber mehr ein Sammelsurium menschlicher Katastrophen.

Wenn das Beschreiben, Aufzeichnen, Belegen schon Erklärung genug ist. Aber fängt mit dem Benennen nicht das Verkennen an?

Wenn Philosophie zu einer Lithurgie des Denkens wird. Die Litaneien von Phrasen. Das Hochamt des Banalen.

Das Auf-sich-aufmerksam-Machen. Die Jargons, wie Duftmarken. Dieses Profilieren, Präsentieren, Prostituieren. Die auf den Hirnstrich gehen.

Je länger die Referate der Studenten ausfallen, und je eigenständiger die anschließenden Diskussionen werden, desto wohler fühle ich mich. Ich spiele ihnen dann ein Gewährenlassen vor, so, als wollte ich mich zurückhalten, damit sie den

weiteren Diskussionsverlauf selbst bestimmen können. Ein notwendiger Trick von mir, den sie wohl auf eine für mich positive Weise missverstehen. Erstaunlicherweise gelingt es mir, schwierigen Situationen mit einer gewissen Routine auszuweichen. Ich habe wohl mehr davon, als ich dachte. Bisher ist keinem im Institut aufgefallen, dass ich wanke. Angeschlagen werde ich mich weiter an meine Routine zu klammern versuchen. Noch eine Woche bis zu den Semesterferien.
Für mich besitzt die Geschichte weder Sinn noch Maß. Sie zeigt mir das Drama der ruinierten Vernunft, in dem die lange Parade gewaltiger Torheiten aufmarschiert.
Ich fühle mich beim Spurenlesen und Ausdeuten in der Vergangenheit sicherer als in der Gegenwart. Mein Geschichtsinteresse. Auch wegen des großen Zeitgewinns. Denn mit der Vergangenheit verfüge ich über viel mehr Zeit.
Ich kann bzw. will noch immer nicht ernsthaft arbeiten. Ich sträube mich dagegen, Gedanken länger zu verfolgen. Belegen schenke ich nur flüchtige Beachtung. Noch immer löse ich vorzeitig auf, nicht ohne Lust. An historische Studien ist gar nicht zu denken. Mein Arbeitsfeld liegt brach. Keine Bereitschaft fürs Ausarbeiten. Trotzdem, ich spüre, wie ich mich wieder zu sammeln beginne, langsam zwar, aber ich gehe jetzt besser mit mir um. Als Historiker liege ich jedoch weiterhin auf Eis.
Ich möchte nicht zusammengesetzt sein. Aber ich bin es. Damit muss ich mich abfinden. Ich bin auch mein eigener Sammler. Mein Ziehen an meinen losen Fäden. Das Sichöffnen der Nähte, je nachdem, wie weit ich sie aufziehen wollte und will. Das Zusammengesetzte. Das Auflösen und das Wiederzusammensetzen. Darin meine eigene Technik entwickeln?
Der Konservative scheut das Nackte. Vor einigen Jahren waren Verhüllungsstrategien offensichtlicher als heute. Ich habe

es zu spüren bekommen. Dächte ich an meine Jugend heute Nacht, ich wäre um meinen Schlaf gebracht. Selbst die Schaufensterpuppen durften nicht nackt sein. Sie wären sonst wohl verhaftet worden. Die Richtlinien. Die Röcke waren zu kurz, die Haare zu lang, die Körper zu entblößt.

Das Maß- und Eichamt.

Der moderne Spießer: Er ist das nur halb aufgeklärte, halbgebildete Kind seiner Zeit, das sich mit den Lügen und Tricks, die es nötig hat und mit der Schminke, welche der gegenwärtige Zeitstandard anbietet, zurechtmacht. Er bildet sich darauf etwas ein, modern zu sein; er sucht nach Vorlagen; er spiegelt sich in den heutigen Freiheiten, lebt aber eher sichernd; er steckt voller Ressentiments.

Auf Wappen und Flaggen zeigt sich eine verdächtige Vorliebe für Raubtiere. Der deutsche Adler. Warum nimmt man als nationales Symbol nicht etwas, das nährt, eine Kartoffel, eine Ähre, ein Schwein oder eine Kuh?

Als ich heute in der Universitätsbibliothek war, wurde mir wieder bewusst, wie viel verarbeitete und zubereitete Ungeheuerlichkeiten gut sortiert auf den Regalen verbucht sind. Wissenschaftlich gefiltert und gedämpft. Eine Springflut aus Blut und ein Orkan aus Schreien müssten eigentlich auf mich zukommen, dachte ich.

Lasst fahren hin das allzu Flüchtige. Ihr sucht bei ihm vergebens Rat. In dem Vergangenen lebt das Tüchtige, verewigt sich in schöner Tat (Goethe). Aber das Vergangene war einst das allzu Flüchtige.

Die Interimszustände. Das Warten und Hoffen auf bessere Zeiten. Man lebt auf später hin, zeitig nicht sesshaft, ein Nomadentum.

Die von den Zeitverhältnissen um ihr Leben Betrogenen. Opfer ihrer Zeit. Zeitverbrechen.

Maskunihilin, ein Wort, das Renate vorhin in den Sinn gekommen ist. «Sieh dir nur diese Kerle an», sagte sie und hielt mir mit angewidertem Gesicht die Zeitungsseite entgegen, auf der chinesische Generäle abgebildet waren. «Was für erschreckende Visagen. Haben die nicht regelrechte Vernichtungsmünder?»

«Fürwahr», erwiderte ich. «Münder wie ein umgedrehtes U. Hast du bei Frauen schon solche Münder gesehen?»

«Nein», antwortete Renate. «In den Mündern von Generälen zeigt sich wohl das Maskunihiline besonders deutlich», meinte sie.

Wir sprachen noch über das Wort, dann über die Geschichte. Sie blieb dabei, dass die Geschichte anders verlaufen wäre, wenn Frauen das Sagen gehabt hätten, vieles vermieden worden wäre, vor allem das Maskunihiline.

Was ging hier vor? Woran lag es? Untersuche ich den Geschichtsverlauf, erhalte ich Obduktionsbefunde der Zeit. Meine vorläufigen Sektionsprotokolle. Meine Neugier aufs Alte. Ohne sie wäre ich nicht Historiker geworden. Der Reiz, über eine Zeit Bescheid zu wissen, die ich nicht miterlebt habe, sie nachzuvollziehen, mir zu vergegenwärtigen. Ich bin ein Sammler, kein Jäger. Ich habe bislang historische Daten, Tatsachen, Geschehnisse mit wissenschaftlicher (?) Vorsicht gesammelt und werde sie wohl auch weiterhin so sammeln. Im Grunde wäre es ehrlicher, plan- und wahllos die anfallenden Zeitbelege zu häufen, dem verrückten Geschichtsverlauf angemessen.

«Du bist schwieriger geworden», sagte mir Renate heute wieder. Sie ist beunruhigt. Sie meint, dass ich mich gehen lasse. Mit ziemlich groben Stichen versucht sie, meine offenen Nähte zusammenzunähen. Auseinandersetzungen gibt es zwischen uns jetzt öfter als je zuvor.

Der Denk-Geschmack. Denkungsweisen, auch die fanatisch aufgeladenen, wurzeln nur oberflächlich, besitzen keine echte Tiefe. Sie sind weniger fest als lose. Trotz aller Stützerfindungen bleiben sie labil. Ihre scheinbare Festigkeit erhalten sie von den ihnen zugrunde liegenden Geschmacksurteilen. Mit Berechnungsheucheleien werden sie gedüngt. Ihre Etiketten stimmen nicht. Keineswegs sind sie so organisch gewachsen und schicksalhaft verankert, wie sie gerne hingestellt werden. Ihre Zwänge werden häufig überschätzt; als hätten sie eine instinktnahe Mechanik. Was an Denkungsweisen fatal erscheint, wurzelt darin, dass sie als Mittel zum Zweck gute Dienste leisten. Sie sind bloß gemacht und übernommen worden, zubereitet nach Rezepten mit den jeweiligen Zutaten. Sie lassen mich an Essgewohnheiten denken, die so lange beibehalten werden, bis sie verändert oder ersetzt worden sind. Was z. B. für das Salzen und Zuckern gilt, ist leicht auf scheinbar starre Denkstrukturen zu übertragen. Der geistige Geschmack. Wie man sich geistig füttert, so denkt man. Das frühere deutsche Mastfutter. Kraft durch Stumpfsinn. Beflügelte Narren. Die schmackhafte Weltfiktion. Der Geschmackswandel. Hunger machte schnell aus glühenden Weltbemächtigern sanfte Pazifisten.

Die Kommentare zu katastrophalen Verhältnissen werden immer ausführlicher und die katastrophalen Verhältnisse immer katastrophaler.

Wie oft man noch darüber redet, was der Rede nicht wert oder nicht mehr wert ist.

Ihr Gesicht wird leiser. Andere Worte finde ich jetzt genauso wenig, wie wenn ich es sehe, diese nur leichte, aber doch feststellbare und kaum zu benennende Veränderung in ihrem Gesichtsausdruck, dieser fremde Zug. Irgendetwas geht in ihr vor, was mir verborgen bleibt. Als hätte sich Unterschwelliges eingeschlichen. Wird es sich festsetzen und weiterentwickeln? Handelt es sich etwa um einen natürlichen Prozess? Nichts bleibt so, wie es ist. Sie ist erst 31, viereinhalb Jahre jünger als ich. Oder tritt in ihrem Gesicht eine aufkeimende Melancholie in Erscheinung? Wegen uns? Wegen mir? Ich muss mich besser in den Griff bekommen. Allein schon wegen Renate.

Als ich gestern mit dem Zug von Düsseldorf nach Köln zurückfuhr, ließen mich die Fahrgeräusche auf der Hohenzollernbrücke an das Marschige in der deutschen Sprache denken. Mit einem Mal schien es mir, als hörte ich die Räder rhythmisch tönen: Bigottkorruptbankrott.

Ich bekam es eine Zeitlang nicht mehr aus dem Kopf.

Die geheimen Schubladen. Was den Menschen von den Mächtigen alles vorenthalten wird! Erst mit großer zeitlicher Verzögerung werden politische Schweinereien aufgedeckt, für die Historiker verfügbar, zur Quelle. Wenn es für die Regierungen nicht mehr gefährlich ist. Der Machterhalt.

Die Geheimdienste. Strukturen, die an Paranoia grenzen. Die CIA und das LSD. Auf eine perfide und ekelerregende Weise wurden mit Drogen Menschenversuche unternommen.

Präsidenten, die an Astrologie glaubten. Horoskope, die erstellt wurden, um Rückendeckung aus dem All für wichtige politische Entscheidungen zu bekommen. Astrologisches Brainstorming im Weißen Haus. Lächerlich und gefährlich.

Man darf die Politik nicht den Politikern überlassen.

Tatenlose Geister sind mir lieber als geistlose Täter.

Spuren von zwei Wochen, sie führen zu nichts, denkt Lindenau, als er über die losen, mit blauer Tinte beschriebenen Seiten eine Büroklammer schiebt. Ich bin in meinem Kopf nur herumvagabundiert. Zu mehr bin ich nicht fähig gewesen. Aber bereits ein Fortschritt im Vergleich zu vorigem Monat.

Langsam beginne ich mich wieder zu sammeln. Wie viel Zeit brauche ich wohl noch?
Er legt seine Aufzeichnungen an die Stelle der Ablage zurück, von wo er sie vor einer knappen Viertelstunde genommen hat. Er verschränkt seine Arme und stützt sie auf den Schreibtisch, wobei sich sein Rücken krümmt und seine Schultern hochziehen. Regungslos bleibt er so sitzen; er fühlt eine ihm angenehme Körperstarre. Müdigkeit durchströmt ihn.
Im Zimmer ist es unverändert drückend. Kein Luftzug bewegt die Übergardine, die er, um neugierigen Blicken nichts zu bieten, vor das weit geöffnete Fenster gezogen hat. Von der Straße tacken Schritte zu ihm hoch, nähern und entfernen sich. Dann herrscht wieder nächtliche Stille.
Frauen gehen meistens laut, denkt er, hören sich wohl gerne gehen. Auf lauten Sohlen. Auch Renate. Hoffentlich schläft sie schon. Sie wirkte sehr müde. Im Schlafzimmer wird es kühler sein. Wenn sie noch wach ist, wird sie mich wieder wollen. Sie brennt darauf. Wie jemand, der nicht satt wird. Auch um uns fester zu kitten. Allheilmittel Bett. In letzter Zeit dauernd brünstig. Ich immer weniger. Bleibe unter meinem Soll. So kann ich nicht weitermachen. Sie verlangt mehr Leistung im Bett. Wird sich sonst wohl einen Ersatzmann zulegen. Bislang waren wir so monogam wie die Graugänse. Wenn mich nicht alles täuscht. Vielleicht wartet sie auf mich. Habe aber keine Lust. Bin auch zu müde. Wie gestern Nacht.
Sie hatte ihren raffinierten Unterrock anbehalten. Er klebte an ihrem Körper. Es war warm, und sie war heiß. Als ich sie streichelte, fühlte sie sich ganz nass an. Sie atmete schwer. Sie drängte sich an mich, reizte. Sie führte meine Hand von ihren Brüsten zu ihren Tropen. Ihre kosenden und anfeuernden Worte. Sie redet gerne dabei. Sie weiß, dass ich's mag. Ihr atemloses Flüstern.

«Martin, Liebster, mach weiter, du bist mir so nah, ich brauch dich, es gibt nur noch uns, machst mich ganz verrückt, bin in deiner Hand, das ist gut, Martin, ja, herrlich, aber jetzt will ich dich, deinen Schwanz, so schön, unser Reich, nur wir, komm, stoß mich, die ganze Nacht, lieb mich, wir hören nicht mehr auf, komm jetzt, du bist mein, ich will dich, nimm mich.»
So ungefähr. «Ich will dich, nimm mich.» Das sagt sie meistens. Jedem sein Repertoire. Aber ich blieb noch kalt. Sie merkte es. «Du vernachlässigst mich», warf sie mir vor. «Ich bin einfach zu müde», erklärte ich ihr. Sie war zu erregt, konnte nicht aufhören, wollte, dass ich meinen Mann stehe, ließ mich nicht in Ruhe, drehte mich auf den Rücken, lockte geschickt, zog alle Register. Es wirkte, kurz, ich bekam Lust, flaggte Ich-will, schon setzte sie sich auf mich und ritt, ritt mich in den Schlaf.
Lindenau stützt seinen Kopf auf seine rechte Hand, greift nach dem Füllfederhalter auf dem Papierstapel neben ihm, lässt ihn zwischen Zeige- und Mittelfinger wippen. Er überlegt kurz, ob er die Gedanken, die ihm gerade durch den Kopf gegangen sind, aufschreiben soll, entscheidet sich dann dagegen. Dafür ist er zu müde. Er legt den Füllfederhalter wieder zurück, lässt seinen Blick durch sein Arbeitszimmer schweifen, das direkt neben dem Schlafzimmer liegt.
In beiden Räumen hat er in letzter Zeit nur wenig zustande gebracht, wirft er sich vor. Auf diesem Niveau kann er nicht bleiben. Er wird sich steigern müssen. Sonst könnte er in seinem Leben Schiffbruch erleiden. Vielleicht ist er für Renate schon eine Zumutung. Er hat gemerkt, dass sie ungeduldiger geworden ist, vor sarkastischen Bemerkungen nicht zurückscheut. Ihm fällt ein, was sie ihm beim Frühstück gesagt hat.
Seine Augenbrauen ziehen sich zusammen, seine Lippen werden schmal.

«Der Kaffee ist ja stark», sagte sie säuerlich lächelnd.
Das saß. Er fühlte sich erst angeschlagen, dann leer, konnte nichts mehr essen. Sie wirkte auf ihn abweisend, als würde sie von ihm nichts mehr erwarten, antwortete auf seine Fragen nur unwillig und nichtssagend. Ihr war es wohl egal, wie er sich fühlte. Eine befremdende Atmosphäre breitete sich aus. Sie schwiegen sich an. So eisig hatte er sie noch nie erlebt. Doch dann tat es ihr leid. Sie versuchte, ihren Worten die Schärfe zu nehmen, sie als gedankenloses Geplapper wegzuwischen, was ihr nicht gelang. Als sie ihn umarmte und küsste, kam sie ihm wie eine Schauspielerin vor.
Sie ist irritiert, sagt er sich. Sie hat gemerkt, wie sie nachlassen, vergleicht heute mit früher, erinnert sich vielleicht wehmütig, will es noch nicht wahrhaben. Aber jede beste Zeit geht einmal vorbei. Sonst gäbe es keine. Er hofft, dass sie sich nicht noch weiter von ihm entfernt. Sie würde ihm fehlen. Sie sollten versuchen, sich wieder einzupendeln. Sie verbindet ja noch immer genug. Sie brauchen sich. Er hängt an ihr vielleicht mehr als sie an ihm. Ohne sie wäre sein Leben grauer gewesen, viel grauer. Ihr feines, empfindsames Gesicht, dessen Anblick ihn oft auf eine eigenartige Weise berührt, sieht er nun vor sich. Es wird leiser. Auch sie kämpft. Er sollte sich mehr um sie kümmern und weniger um sich. Er beschließt, ihr heute einen großen Blumenstrauß zu schenken. So farbenfroh wie möglich.
Ein Wagen hält vor dem Haus, ein denkmalgeschützter Altbau, in dem er mit seiner Frau seit fünf Jahren wohnt. Stimmen schallen zu ihm hoch, schnell gesprochene Worte, die er nicht versteht. Kurz hintereinander werden zwei Autotüren zugeschlagen. Er wohnt gern in diesem Altbau aus der Gründerzeit, auch wenn er sich hier manchmal von lärmenden Menschen gestört fühlt. Auf dem Land könnte er nicht leben.

Was für ein Tag, denkt Lindenau. Er gähnt, reibt sich die Augen. Er legt seine Hände auf die leere Schreibtischplatte, schiebt mit seinen Beinen den Stuhl zurück und stemmt sich hoch. Jetzt fühlt er sich müde genug für den Schlaf.

In der Verlandungszone

Der grüne Bogen des Deichs verliert sich in der Ferne. Über ihn treiben weiße Wolkenmassen landeinwärts. In der Nähe eines abgelegenen Gehöfts enden an einem alten Holzmast zwei Stromleitungen. Kein anderes Gebäude liegt in seinem Blickfeld. Das Gehöft wirkt auf ihn wie das letzte Zeugnis der Zivilisation. Dicht zusammenstehende Windschutzgehölze und bodennah wachsendes Buschwerk umringen die weiß gestrichenen Hauswände. Neben dem linken Seitenflügel steht eine Reihe gekrümmter Silberpappeln, deren Blätter in der Sonne flirren. Zwei Ringeltauben sitzen auf dem hochragenden Reetdach, spähen mit nickenden Kopfbewegungen in alle Richtungen. Hinter dem Gehöft dehnen sich weit die von Gräben durchzogenen Wiesen aus, wo gerade ein Graureiher landet. Er stolziert auf den Rand eines Grabens zu, zeitlupenhaft langsam, verharrt dann mit eingezogenem Hals in Lauerstellung. Das Schwarz-Weiß der Kühe löst sich in der Ferne auf.

Mit wuchtigen Streichen fährt der Wind in die nach Osten gedrückte Kieferngruppe, die bis zum Deich reicht. Es hört sich wie gedämpftes Brandungsrauschen an. Er nähert sich dem Deich, der vor ihm eine Sehgrenze bildet, und es scheint, als bewegte er sich auf einen Wall zu, ab dem nichts anderes als der Himmel existierte. Die über ihn hinwegdriftenden Wolkengebilde leuchten in Sonnennähe auf.

Jetzt steigt er die schiefe Grasebene des Deichs hoch. Auf der Deichkrone angelangt, bleibt er stehen, steckt die Hände in die

Taschen seiner Wolljacke, hält das Gesicht dem Wind entgegen und schließt die Augen. So verharrt er eine Zeitlang regungslos. Er denkt an nichts. Heftig zerren Windböen an ihm. Seine Gesichtszüge bleiben entspannt. Rufe von Wildgänsen hört er näherkommen.
Er öffnet die Augen, schlägt den Jackenkragen hoch und geht zügig mit frei schwingenden Armen weiter. Schafe grasen auf beiden Seiten des Deichs. Rotweiß erhebt sich vor dem Horizont der Leuchtturm, der im Dunst verschwimmt. Es ist ein kühler Oktobermorgen. Der Schwarm Wildgänse, zu einer zitternden Eins formiert, fliegt über ihn hinweg. Er sieht sich in der Mitte eines Kreises, dessen westliche Hälfte zum Meer und dessen östliche zum Land gehört. Sonne und Mond stehen sich am Himmel gegenüber, der seine Blauflächen und Wolkengebilde ständig verändert.
Er verlangsamt seinen Schritt, bleibt stehen. Auf dem Deich bildet er den höchsten Punkt; von hier aus kann er alles gut überblicken. Andere Menschen sind nicht unterwegs. Sie hätten ihn gestört. Er will hier alleine sein. Mit dieser für ihn unvergleichlichen Gegend fühlt er sich eng verbunden. Sie ist seine Heimat. In ihr erfährt er eine Wahrheit, die zu ihm gehört, und die er nirgendwo sonst findet. Er betrachtet noch einmal das im Morgenlicht zu seiner Rechten liegende Land, blickt dann zum Meer, das sich links von ihm wie eine grenzenlose, graugrüne Ebene ausdehnt. Der Wasserspiegel ist auf den niedrigsten Stand zurückgeebbt.
Er dreht sich zum Meer und steigt mit entschlossenen Stemmschritten den Deich hinunter, der in einer immer flacher werdenden Schräge zu der Salzwiese abfällt. Es kommt ihm so vor, als hätte er gerade eine Grenze überschritten. Er geht am Rand der Salzwiese entlang, die mäandernde Wasserläufe zerteilen. Kleine Horste der Krähenbeere sind an mehreren

Stellen bis zu ihren Zweigspitzen von treibendem Sand verschüttet worden. In Deichnähe bildet er schmale, beigefarbene Streifen. Mit arttypischen Kie-Wit-Rufen fliegt vor ihm ein Kiebitz auf und versucht ihn mit spektakulären Flugmanövern von seinem Nest abzulenken. Rosafarbene Tupfer der Strandnelke überziehen die Salzwiese. Vom Meer bleibt nur noch der helle Brandungssaum in seinem Blickfeld. Es rauscht ganz leise, als wäre es müde.

Über die Grünfläche, die er jetzt durchquert, fließen lange Windwellen. Große Bestände des salzverträglichen Strandflieders haben sich dort angesiedelt. Eine Uferschnepfe stelzt in sicherem Abstand zu ihm in einer Wasserfurche und stochert im Schlick. Die Augen auf den Boden gerichtet, bewegt er sich langsam in westlicher Richtung vorwärts. Das Gehen fällt ihm schwerer. Teile des weichen Untergrundes bleiben an seinen Stiefeln haften. Er versucht, so leicht wie möglich aufzutreten. Rundformen bräunlichen Schaums schwimmen auf dem gewundenen Wasserlauf, den er mit einem großen Schritt überquert. Ein fauliger Geruch steigt zu ihm hoch, und es kommt ihm so vor, als würde die ganze Gegend gären. Silbermöwen fliegen aus dem hauptsächlich mit Andel bewachsenen Vegetationsgürtel auf, der sich vor ihm ausbreitet. Ihr helles Gefieder wird von der Sonne überglänzt. Der Himmel gleicht einem riesigen Relief, das Länder und Meere darstellt. Mehrmals setzt er seine Stiefel prüfend auf. Seinen Weg wählt er nach dem Untergrund.

Er befindet sich in der Verlandungszone. Manche Stellen muss er umgehen. Jetzt watet er durch einen Priel, dessen Windungen er bis zum Meer verfolgen kann. Das Wasser reicht fast bis zum Rand seiner Stiefel, in die er seine schon nassen Hosenbeine gesteckt hat. Er bleibt stehen und beugt sich zu der Prielböschung hinunter, die von der Fließkunst des Wassers geformt worden ist und greift unterhalb von Salzmelden in den nass glänzenden Schlick. Der Schlick fühlt sich kühl und fett an. Seine Hand hinterlässt reliefartige Spuren, die spätestens beim Höchststand der Flut weggewischt sein werden. An einer flacheren Stelle steigt er mit einem großen Schritt aus dem Priel.

Er sieht auf seine Uhr. Er hat noch genügend Zeit, bevor er umkehren muss. Das jetzt lauter anrollende Meer stößt erst gegen die vorgelagerte Sandbank, auf der er mehrere Austernfischer an ihrem schwarz-weißen Federkleid erkennen kann. In einem Gezeitentümpel, neben dem Strandsoda wächst, entfernt er den klebrigen Schlick von seiner Hand. Bei jedem Schritt sinkt er bis zu den Fußknöcheln ein. Festen Boden gibt es nicht mehr, nur noch weichen Schlick. Wie kleine Kakteen sehen die dickfleischigen, kandelaberartig geformten Quellerpflanzen aus, die sich vor ihm in losen Verbänden angesiedelt haben. Langsam geht er weiter, sein Blick schweift über diese von extremen Lebensbedingungen geprägte Zone.

Was er wahrnimmt, ist ihm vertraut. Windgeräusche und Vogelstimmen mischen sich zu ihm bekannten Klängen. Mehr oder minder eingetiefte Wasserläufe zerfurchen den Boden. Spiegelungen des Himmels liegen auf den nassen, vegetationslosen Flächen. Grünabstufungen, die zu jeder Jahreszeit zu sehen sind und herbstliche Gelb- und Brauntöne wechseln einander auf den bewachsenen Stellen in seiner Umgebung ab. Salzverträgliche und salzbenötigende Pflanzen siedeln in zum Deich hin dichter werdenden Verbänden.

Diese Vegetation zeigt ihm keinen großen Artenreichtum, weil nur wenige Pflanzen mit den ganz speziellen Lebensbedingungen fertig werden können. Sie haben sich bestens an Überflutung und Salzbelastung angepasst. Den ständigen Kampf zwischen Meer und Land können sie nur deswegen überleben.

Im Laufe der Zeit verfestigen und erhöhen sie den Schlickboden, leisten dadurch einen wesentlichen Beitrag zur Verlandung. Je näher sie am Meer siedeln, desto mehr vereinzeln sie. Was hier wächst, erhebt sich nicht hoch über den Schlick, bleibt bodennah.
Es zieht ihn immer wieder in dieses Gebiet, das nicht zum Meer und noch nicht zum Land gehört. Jedes Mal, wenn er sich hier aufhält, glaubt er, dass es in der Erdfrühzeit ähnliche Landschaften gegeben hat. Ein Bereich ohne feste Gestalt, noch im Werden begriffen, sich verlagernd und umschichtend, eine Übergangszone auf einen unbestimmbaren Zeitraum hinaus.
Die Pflanzen und Tiere, die in dieser Region leben, betrachtet er als beeindruckende Beispiele für das uralte Durchsetzungsvermögen des Lebens. Verschiedenartige Anpassungsformen mussten sie hier entwickeln, um die extremen Gegebenheiten bewältigen zu können.
Nichts zeugt vom Menschen. Eindeutige Grenzen fehlen. Das eine geht in das andere über. Der Anfang und das Ende dieser für ihn archaischen Landschaft lassen sich nicht festlegen. Immer weniger ist sie dem Einflussbereich des Meeres ausgesetzt. Hier verliert das Meer Raum, hier wird es vom werdenden Land verdrängt, hier gewinnt das Land.
Irgendwann einmal wird aus der Verlandungszone Neuland entstanden sein.